幼児期の大切な子育て

いじめっ子
いじめられっ子に
ならないために
親としてできること

内田玲子
Uchida Reiko

PHP

はじめに

人間が生きつづける限り、「いじめ」は永遠のテーマかもしれません。同じクラスの仲間同士、先輩と後輩、上司と部下、はては嫁と姑《しゅうとめ》、親と子の間でも起こりうる問題です。

形や程度は違えど、いじめは昔からあり、そして今もってなくなる様子は見られません。最近では二〇一二年、大津市で当時中学二年生の男子が自殺したことが報道機関に大きく取り上げられ、これをきっかけとして、家庭と学校にとどまらず、教育委員会・警察・文部科学省などあらゆる分野の人たちが動きはじめました。これまでにも何度も、いじめ対策やいじめ撲滅の動きがくり返されましたにもかかわらず、今回の対策のさなかにも、自ら命を落とす子どもたちがいます。今度こそ、日本の隅々にまでこの取り組みがしっかり届くよう、また活動が続くことを心から願っています。

そして、子どもが安心して暮らせるはずの家庭ですら、幼児虐待、小・中学生による暴力事件、家族間での争いによる傷害や殺人などが後を絶ちません。何百年も前から同じことがくり返され、多くの命が消えています。

こうした悲しい出来事を聞くたびに私は、子ども時代から問題解決の糸口はないものか、子どもを守り慈しむべき家庭でできることはないか、と思いつづけて〝心〟の研究をしてきました。一生懸命生きている人に、同じ悲しみ・苦しみを残したくないという一心でした。

その結果、問題解決への糸口は〝生活習慣にある〟との考えに達し、自分の人生を試験台にしてその答えの研究をしてきました。

半生の歳月をかけた研究の結果、〝生活のクセ〟と〝心のクセ〟からさまざまな問題が起きることがわかりました。そして、何か事が起こる前には、必ず何らかの〝サイン〟があることもわかってきました。

そしてそれを解決する方法は、すべての人に共通でなければならないと考えました。いつでも、どこでも、誰《だれ》にでも、どんな場合にでも通じることでなければば、真の解決方法とはいえないからです。

風邪《かぜ》をひく前には、のどが痛い、頭が重い、食欲がない……などのサインが出ます。それは、いま注意すれば高熱にはなりませんよ、ひどくなりませんよ、というサインです。同じように、子どもは悲しみの渦に巻き込まれる前に、必ずといっていいほど、親に何らかのサインを送ります。それに親がきちんと気づいてあげられるかどうかが、プラスとマイナスの分かれ目なのです。

子どもからのサインを素直に受け止め、自らの生活にも何か原因がないかを見つめなおし、生活の〝クセ〟を変えることで、子どもの心を救うきっかけにしてほしいのです。子どものサインは、親に正しい生き方を教えるメッセージでもあります。


また、近年では子どものいじめも根が深くなり、様相が変化している部分もあるように感じられます。そこで、まずは一人ひとりのなかに善悪の判断と生きる力をつけてやることが大切でしょう。それには、生活の基本を意識したシンプルな子育てが出発点です。

子どもは心の中の変化を、親にわかるように、体でサインを出します。そのときに気づける大人（とくに親）であれば、悲惨な事態に発展することはないのではないか、と私は考えています。

本書では、子どもからのサインに気づき、いじめる側にもいじめられる側にもならない子育てについて解説したいと思います。

サインを出すことは、万人に共通です。子どもがサインを出すときは、それなりの理由があります。それに気づき、子どもを支えてほしいと思います。

陰湿ないじめのない子ども社会をつくる一助となれば幸いです。

内田玲子

〔幼児期の大切な子育て〕

いじめっ子・いじめられっ子にならないために
親としてできること

もくじ

第1章
いじめの根っこはどこにある？

3

第2章 子どものサインを受け止める

1 子どものサインを読み取る —— 86

第3章 いじめない・いじめられない子に育てる

*本書で紹介している事例・ケースは、筆者の相談事例をもとに典型的な例として創作したものです。

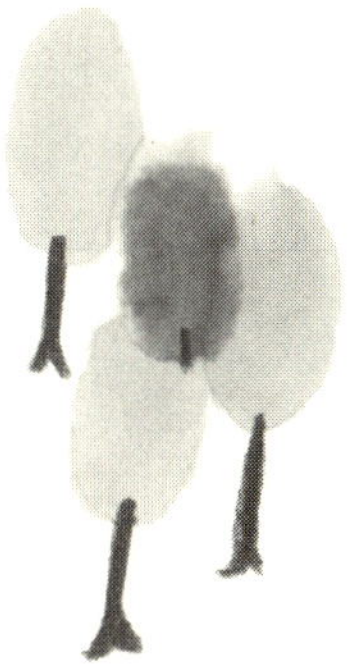

装幀：梅林なつみ（株式会社ワード）
本文イラスト：住吉利香
編集協力：株式会社ワード

序章

真に心が強く、優しい子に育てるために

1

親が子どもにできること

犯人探しをしない

本書を手にとられたのは、きっと、いじめに対して不安を抱えておられる方ではないでしょうか。

実際に子どもがいじめられている、いじめっ子だというよりも、わが子が成長する過程で、いじめられはしないか、誰《だれ》かをいじめたりはしないだろうか、そんな不安を抱え、なんとか事前にできることはないかと心配でたまらない方たちだと思います。

どうして子どもたちは、いじめたり、いじめられたりするのでしょうか。

本書でそのことを深く考えていく前に、ひとつ、理解しておいてほしいことがあります。

それは、本書はいじめの犯人を探すための本ではないということです。

誰が悪いのか、一つひとつの要因をさぐり、「これがいじめの原因だ」と決めつけてそれを排除することは、根本的な解決をもたらさないのではないか、と私は考えています。

いじめというのは、悲しいかな、学校だけに限った話ではありません。社会に出て就職しても、上司が部下をいじめたり、同僚同士の間でいじめがあったりします。会社を辞めて家庭に入っても、夫婦・嫁姑《しゅうとめ》・親子の不和など親族間のいじめがあったり、地域社会のなかで仲間はずれがあったりします。広く世界を見れば、民族や宗教を理由にしたいじめ（差別）は絶えることがなく、その究極の形は戦争ともいえるでしょう。

いじめは、人間が人間であるときから続く、根深い悩みでもあるのです。

いつか、いじめのない平和な世界が訪れることは、私が昔から抱いている夢でもあります。

話が大きくなってしまいましたが、学校に限ってみても、いじめの原因を決めるのは困難です。

たとえばいじめっ子がはっきりしているケースで、いじめっ子にいじめをしないように約束させたとしても、別の子が新しい子に対していじめを始める場合があります。

学年が変わり、いじめっ子がいじめられっ子に変わる場合もあります。逆に、いじめられっ子がいじめる側にまわることもあります。

いじめを避け、まったく校風の違う学校に転校しても、再びいじめの対象になる子もいます。

いじめの幅は広く、根は深く、その形は日々流転しています。そんななかで、学校が悪い、先生が悪い、友だちが悪い、夫が悪い、妻が悪い、祖父母が甘やかすからだ、詰め込み教育のせいだ、現代社会のゆがみだと、何かに犯人像を求めても、事態は次々と移り変わっているので、根本的な解決にはなかなか至らないものです。

現代のいじめの構図は大変複雑で、こうすれば絶対にしない・されないという決定的な方法はなかなか見つからないのが現状です。

では、私たちはいじめに対して何も打つ手がないかというと、そうではありません。

いじめをはじめ、困難なこと、つらいことに遭いにくい、あるいは遭ってもそれを乗り越えられる子というのは、心が優しく、芯《しん》が強く、思いやりのある子ではないかと私は考えます。そんな心に芯の通った子を育てるには、〝家庭の力〟が大きくかかわってきます。子どもの心のベースをつくるのは、やはり幼いころからの家庭でのかかわり方が中心となるからです。

また、他人を動かすことは難しいですが、自分の行動や家庭の雰囲気を変えることは、自分次第で確実に実践できます。

そのため本書では、子どもの心を育て、心のよりどころとなる家庭でできることを中心に取り上げています。読んでいて少々厳しく感じる箇所もあるかもしれませんが、親だからこそできることとして受けとめてほしいと思います。

家庭には大きな力がある

ここでもう一度言っておきたいのは、家庭での育て方次第でいじめを遠ざけることができるということと、いじめの原因が家庭にあるということとはまったく違うということです。そこをはきちがえると、万が一にも子どもがいじめたりいじめられたりしたとき、親である自分が責められたように感じ、冷静に対応できなくなります。それは、いじめの解決を遠ざけてしまいます。

私は、家庭における親の力とは、実に素晴らしいものだと思っています。それは、いじめを解決する力も、いじめを乗り切るための力も、子どもにつけさせることができるものです。いま一度、家庭と親の力を見直して、子どもの心育てに役立ててほしいのです。

ところが最近は、子どもの個性や人格が尊重されるあまり、子育てにおける親の存在が軽んじられているような気がします。また、それに乗じて親としての責任を放棄しているかのような人もいると感じています。

確かに一人の子どもが大人に育つまでには、親の力だけではなく、祖父母や親《しん》戚《せき》、園や学校の先生や友だち、地域社会や行政サービスなど、さまざまな力添えが必要です。そのどれもが子どもの育ちには必要で、大切なものであることは間違いありません。

それでもやはり、親が子どもに与えるパワーは、計り知れないものがあると思います。

その家庭が子どもを認め、支えていれば、子どもの心は多少のことではゆるぎません。家に帰りさえすれば心をリセットでき、そしてそこがパワーをチャージできる場所であれば、多少のつらいことは自力で乗り越えていけるでしょう。

小さいころ、雷が鳴ったり、犬に吠《ほ》えられたりと怖い思いをすることがあっても、お母さんに抱っこしてもらえたらもう大丈夫と安心できたように、子どもがいくつになっても、家庭は「そこにいれば大丈夫」と思える場所であってほしいと思います。絶対に安心できる基地があれば、子どもは強くなれるし、誰かに優しくすることもでき、人から愛されることもできます。それは、子どもにとって何よりの財産です。

いじめやさまざまな社会問題が簡単には解決できない今、この〝安全基地〟を用意してあげることが、家庭にできる、確実な対応策ではないでしょうか。

家でできないことは外でもできない

家を子どもが安心できる基地にすること以外に、家庭で子どもに身につけさせてほしいことがいくつかあります。

それはあいさつの習慣づけ、やっていいことと悪いことの基準を教える、早寝早起きなど生活のリズムづくりです。

あいさつの習慣づけ

あいさつは、すべてのコミュニケーションの基本となります。

コミュニケーションというのは、信頼から成り立っています。「おはよう」と言えば「おはよう」と返してもらえる。ただの言葉のやりとりではない、信頼関係をはぐくむステップなのです。

あいさつをすれば人はあいさつを返してくれる。それは、優しさを示せば優しさを返してくれるといった、他人に対する肯定感を育てることにつながります。

礼儀やマナーという以前に、家庭であいさつの習慣をつけてほしいのはそういうことなのです。

子どもがあいさつしていても、朝食の準備に忙しくて「うん」と片手間の返事ですませていませんか？　「早く顔を洗ってきなさい」と、別の言葉を返していませんか？　そんなことをしていては、子どもは自分を否定されたように感じてしまいます。自分を否定するような家庭が、安心できる基地になるはずがありません。

たかがあいさつと思わず、毎日何度でも、くり返してほしいものです。

やっていいことと悪いことの基準を教える

やっていいことと悪いことの基準は、ある程度ものの道理がわかるようになってから教えればいいと思うのは間違いです。「三つ子の魂百まで」という言葉があるように、知らない間に子どもは親の態度をコピーするように身につけてしまいます。

親が物をぞんざいに扱っていれば、同じように扱います。家庭内で他人の文句ばかり言っていると、子どもも他人に批判的に育ちます。

逆に、花を見て「きれいね」と語りかけたり、動物に優しく接していると、子どもも優しい心を身につけるでしょう。

いくら口で「物は大切にね」「人の悪口を言っちゃだめよ」と教えても、親の行動がそれと合っていなければ、子どもはできるようになりません。

子どもは、親の教えた通りでなく、やった通りに育つのです。

ただし、気をつけておいてほしいことは、子どもが悪いことをしたからといって、いきなりたたいたり、怒鳴ったりはしないでほしいということです。たたいたり、怒鳴ったりすることは、子どもに対して恐怖心しか植えつけません。善《よ》い・悪いという判断力がつく前に、「怖い」という反射だけが残ってしまいます。

なぜいけないのか、どうしたらよかったのか、子どもにもわかるように話してやれば、きっと正義感の強い、しっかりした子に成長するでしょう。

また、幼児期には、「なんで？」「どうして？」とやかましく聞いてくる時期がありますが、このとき、面倒くさがらずに何度でも答えることが大切です。理由を聞くことによって、子どもは親が物事をどう判断するか、基準を確認しているのです。その答えによって、子どもは善悪の基準や物事の価値判断を身につけていきます。愛をもって、何度でも答えてください。

早寝早起きなど生活のリズムづくり

生活のリズムづくりとは、早寝・早起き・朝ごはんの基本リズムを確立させることです。

いくら時代が変わっても、人間の遺伝子に刷り込まれたリズムはそう簡単に変わるものではありません。朝は決まった時間に起き、三度の食事をとって、夜がくれば眠ります。

こうした生活の基礎訓練を何度もくり返すことで、子どもの脳と体がしっかりと培われ、無限の可能性を引き出す土台をつくることができます。

お父さん、お母さんも、眠かったり、疲れている日もあるでしょうが、生活リズムは小さいうちこそ身につきやすいものです。子どもにとって（もちろん大人にとっても）大切な財産となる早寝・早起き・朝ごはんのリズムが身につくような生活を送りましょう。

家庭は、失敗しても安心な練習場です。外は、厳しい本番の舞台です。プロのスポーツ選手や一流の歌手でも、練習でできなかったことは本番でもできないといいます。日常のことも、それと同じです。

家の中でできないことは外でもできないのですから、まずは人間としての基礎を家庭でしっかりと身につけさせてほしいと思います。

シンプルに子育てしよう

私のもとに相談に見える親御さんの中には、巷《ちまた》にあふれる情報で頭がパンパンになっているような方がおられます。選択肢がありすぎて、どうしていいかわからなくなっているのです。

そんなとき私はいつも、〝子育てはシンプルにいきましょう〟とお話しします。うれしいときは「うれしいね」と喜び、悲しいことがあれば「悲しいね」と一緒に悲しみ、子どもが悪いことをすれば怒りをあらわにし、困ってしまったときは「こまったな〜」と口にすればいいのです。

そんな親を見て、子どもは「頼りないな」と思ったりはしません。自分と一緒に喜び、悲しんでくれる親に一体感を感じるでしょう。

また、どういうときにどんなふうに感情を表に出せばいいか、シンプルに身につけることができます。

そうした子は、友だちが泣いていれば「どうしたの?」と声をかけたり、してはいけないことをしている子に「それはダメだよ」と勇気をもって言える子になるでしょう。

人間は誰でも、悪いことをしたときや失敗したとき、自分自身がわかっています。とくに子どもは、「叱《しか》られる」と心が思っているとき、体がわかっています。その時、タイミングを外さずに叱られると、子どもの心と体は納得します。しかし、善悪の基準があいまいだったり、親の気分によって怒ったり怒らなかったり態度を変えていると、子どもの心と体は納得できずモヤモヤします。悪いことをして叱られないと、「どうしてわからないの」「わからないからいいや」と、次の悪いことにもつながっていきます。いいこと・いけないことをしっかり教えると、子どもの心は正しく育っていきます。

お母さんの言葉と体と心が、子どもの言葉と体と心と一致したとき、子どもの心の中に自信が湧《わ》いてきます。

たくさんの自信の種を子どもにプレゼントしてあげてください。

2

サインを感じるアンテナを磨く

子どものサインを見ていますか

　ここまでは、お母さん、お父さん方が子どもに対してできることを中心に述べてきましたが、ここからは子どもをどう見ていくかということを述べたいと思います。

　子どもがまだ赤ちゃんだったころ、お母さん方は子どもが泣けば、おむつが濡《ぬ》れて気持ちが悪いのだろうか、おなかがすいたのだろうか、暑いのだろうかなど、子どもの様子をあれこれ見て、子どもが何を欲しているかを知ろうとしていたのではないでしょうか。

　言葉が通じない分、ちょっとした動きや声の違いにアンテナを張り、赤ちゃんの訴えを受け止めようと、真剣に耳を傾けていたことと思います。

ところが子どもが自力で動くようになり、言葉を発するようになると、そこまで必死にアンテナを張り巡らさなくなりがちです。子どもが自分ですることを期待したり、言葉でのコミュニケーションに頼るようになるからです。

子どもがぐずっていたら、「泣いてちゃわからないでしょ、ちゃんと口で言いなさい」と怒鳴ったり、あれしちゃダメ、これしちゃダメと禁止が増えます。あまりに忙しいときは、子どもが何か言おうとしたのを「あとでね」と止めることもあるでしょう。

別に、手を抜いているわけではないでしょうが、子どもはそんなお母さん、お父さんに寂しさを感じてしまいます。そんな対応がたび重なれば、自分を否定されたような、自分はいなくてもいい存在のように感じてしまうのです。

あるいは、「私はすごく手をかけています」と自信満々のお母さんもおられます。しかしよく聞けば、一週間ずっと、幼稚園と習い事をはしごして、その送り迎えをしているという手のかけ方だったりします。子どものために時間は使っていますが、心の声を聞いてはいません。行きたくないとぐずっても、引きずるように連れて行き、それを「子どものためにすごく頑張っている」と主張されるのです。

こんなふうに、したくないことをさせられている子どもも、自分の意思を出すことができず、無力感や寂しさ、時にはいらだちを感じることもあります。

どちらのパターンでも、子どもが発したサインを見ることを忘れ、親の都合にばかり子どもを合わせています。これは、子どもにとってはストレスです。たいていの場合、親は子どもによかれと思ってやっているのですが、子どもにとってはつらい気持ちを抱えることになります。その気持ちになんとか気づいてもらおうと、子どもたちはさまざまな形でサインを出します。

サインを見逃さない

サインには、爪《つめ》かみ、おねしょ、突然キレるなど、十人いれば十通りの、百人いれば百通りのパターンがありえます。

親にとってはあまりうれしくない行動がほとんどですが、子どもがくれた気づきのチャンスです。何か子どもに無理をさせていないか、悩みを抱えていないか、考えるきっかけにしてください。

以下に、参考までに、私が出合った〝サイン〟を列挙しておきます。

ただし、ここに挙げる行動を子どもがとったからといって、あなたの子育てに間違いがあるということではありません。純粋に、医学的な問題のこともあります。もともとそういう性格だったり、ただのクセだということもありえます。ただ、なんの問題もないと受け流してしまわずに、一度立ち止まって、いろいろな可能性のなかの一つとして、親子関係を見直すきっかけにしていただければと思っています。

また、ここに挙げたものだけがサインのすべてということも決してありませんので、〝わが子に何か変化がないか〟〝わが子のこの行動は何かを訴えているのではないか〟ということは、常に意識していてほしいと思います。

子どものサイン（例）

- 爪をかむ
- 指しゃぶりをする
- 原因がわからないが、よく高熱を出す
- おねしょをする
- ケガが絶えず、よく病院に行く
- こだわりが強い
- チック症がある
- 登園・登校をいやがる
- 奇声をあげる
- かみつく
- 人をつきとばす
- 急に乱暴になる
- 人の髪の毛を引っ張る

・反抗がひどい
・思うようにならないと物を投げる
・壁をたたく
・自分の頭を自分で床や壁にぶつける
・いつも隅っこにいる
・友だちと遊びたがらない、かかわろうとしない
・友だちの物をかくす
・「バカ」という言葉に激しく反応する
・ぬいぐるみを手放さない
・すぐメソメソする
・よく転ぶ
・おちんちんをよくさわる
・新しいおもちゃや遊びに反応しない
・ゴロゴロ、ダラダラしている
・寝起きが悪い

などなど、まだいくらでも出てきます。

これだけ見ても、他人への攻撃としてあらわれたり、内向する傾向に出たり、熱やケガなど、一見心の問題とは関係なさそうなものまで、さまざまなパターンがあることがわかっていただけると思います。

これらのサインがなぜあらわれるのか、どういう対応をすればよいのか、いじめにつなげないためにはどうすればいいのかまで含めて、次章以降で詳しく触れていきたいと思います。

第1章

いじめの根っこはどこにある？

1

家庭のなかにひそむ根っこ

いじめの根っこは生活のズレにある

お母さん方は皆、子どもを幸せにしてやりたい、素晴らしい子に育てたいと願いを込めて日々努力されていることと思います。しかし、思うようにはならず、一生懸命やればやるほどイライラして、嘆いたり、あきらめたりしてはいないでしょうか。

子育ては、理屈や理想だけでコントロールできるものではありません。そこには、親のふだんの生活習慣がいつのまにか反映され、子どもの性格ができあがっていきます。

なぜ、いじめられるのか？

なぜ、いじめるのか？

その理由や解決策の一端も、家庭のなかに求めることができます。親が心の中をのぞけば、答えは見つかるはずです。

そのヒントは、子どもが出す〝サイン〟にあります。序章でもサインについては述べましたが、子どものサインは、親に正しい生き方を教えるメッセージなのです。

いじめっ子もいじめられっ子も、親の生活のズレが根っこにあると、私は考えています。朝、ちゃんと起きられずにずるずると時間をルーズに過ごしてしまう、いつもイライラして夫婦げんかが絶えない、子どもの言うことを親が頑固に受け入れない、親が情報にふり回され子どもをふり回している等々……。こうしたズレが続くと、子どもは自分の意見が言えない子になりやすく、その結果、いじめのターゲットにされてしまいやすくなるようです。

お父さん、お母さんの暮らしぶりを見つめ、そのズレを直すことができれば、子どももしっかりと自分をもって育つことができ、いじめたり、いじめられたりする性質になりにくく、また、そうした悩みに直面しても乗り越えていける力を身につけていけるのではないでしょうか。

生活のズレとは？

子どもはみんな純白で平等に生まれるのに、どうして成長とともにさまざまな問題が起きるのでしょう。

なぜ？　どうして？

どこかにその原因はあり、それを教えてくれる何かがあるはずだと、私は考えていました。その答えを、物心ついたころから追い求めてきました。

私は、二人の子どもを生み育てました。それは、先ほどの問いの、答え探しの入り口に立ったということでした。

二人の子どもを同じように育てているはずなのに、上の長女は発熱をくり返します。下の息子は高熱を出している長女と一緒にいるのに、熱は出さないのです。

長女は一カ月の間に何度も高熱を出し、病院通いをしました。下の子は熱を出すことも病院通いをすることもなく、元気に育ちました。私は娘が熱を出すたびに、ぐったりした長女を抱いて病院に連れて行きました。そんなとき、先生に「また娘さんが熱を出したの？」と言われ、はっと気づいたのです。

娘だけがこんなに熱を出すのは、あたりまえのことではないんだ。何か原因があって、それを訴えるためではないだろうか。私の生活のなかの何かが影響しているのではないかと、必死で考えました。

そして気づいたのは、私は長女には、ついガミガミ言ってしまうクセがあるということでした。それは、娘にとっては毒ガスを浴びせられているような状態だったでしょう。そのつらさ、苦しさがあらわれているのです。その一方で、息子にはそんな〝毒ガス〟をかけたことはありませんでした。

長女は、どこか私に似ています。そのせいか、まだ小さなときから長女を見るとイライラして、息子には言わないようなことでガミガミ言ってしまっていたのです。おまけに、義母（娘にとっておばあちゃん）との間でイライラすることがあったとき、娘にガミガミ言うことでストレスのはけ口にしていました。

小さなわが子たちに対して私は、上の子には厳しく下の子には甘いという、差をつけた子育てをしていたのです。それは、家庭のなかで、親である私が〝いじめ〟をしているようなものです。それが、二人の差につながっているとしか、私には考えられませんでした。

子育てのクセが、問題を引き起こす？

やはり、私の生活のなかに答えがあったのです。娘が高熱をくり返したのは、「お母さん、気づいてよ。今、認めてよ」と送っていたサインだったのです。

しかし、私はすぐに自分の態度を改めることもできませんでした。娘の目はいつも淋《さび》しそうでしょんぼりし、だんだんと意欲もなくなっていきました。私は内心、これではいけないと思いつつ、変われないでいました。

そんななか、娘が小学一年生になったとき、クラスでいじめられるようになりました。娘は毎朝学校へ行くとき、玄関で「今日はいじめられませんように」と言って出かけて行きます。しかし、帰宅すると必ず「今日もいじめられた」と泣いていました。

ある日、学校から泣いて帰ってきた娘は、私の膝《ひざ》の上に座って、「ねぇ、お母さん、私は学校でおりこうにしているよ。お友だちの悪口も言ったことないよ。なのにどうして私一人、いじめられるの？　ねぇ、お母さん、どうしたらいじめられなくなるか教えて……」と大泣きしました。

娘がいじめられるようになり、それが自分のせいだと気づいて反省しながらも、我が強く、すぐに心に言うことをきかせられませんでした。しかしようやく、娘の大泣きを前にして、我の強い私の心にもスイッチが入ったのです。そして私も一緒に泣きました。自分の心を認めたとき、娘が可愛《かわい》くなったのです。

「あなたのせいじゃないの。原因はお母さんなの。お母さんが、あなたをそう育ててしまったの……。お母さんを許してくれる?」

と言うと、大泣きしていたはずの娘が、「うん、いいよ」と言うのです。

あどけないこんなけなげな娘を、おばあちゃんとのストレスのはけ口に、どうしてガミガミ叱《しか》ってばかりいたのだろうと泣きました。

その後はおばあちゃんとのストレスがあったとしても、それを娘へのガミガミに振り向けないように意識したのです。

当然、言葉がけも変わりました。今までは娘を受け入れず、娘の言葉に反発して反対のことばかり言っていた私でしたが、自分が原因だと認めたら、娘のことを受け入れ、認められるようになったのです。

すると、娘も徐々に変化していきました。淋しい目から、生き生きとした元気な目に変わっていったのです。毎朝「今日はいじめられませんように」と言って出かけていくのは変わりませんでしたが、「今日はいじめられなかった」と帰ってくる日が多くなっていきました。そして、「今日はいじめられませんように」と言って出かけることが自然になくなり、やがて一年生が終わるころには、いじめは消えるようになくなっていたのです。

このように、自分自身の子育てや生活をもとに、また、多くの相談者のカウンセリングをするなかで、親の心のクセと生活のクセによって、さまざまな問題が出ることをつかみました。昔から私が抱いてきた「なぜ？」「どうして？」という疑問に答えが出たのです。

また、そうして得た答えを、たくさんの相談者に対して確認することで、さらに確かなものにすることができました。この結果を、こうして皆さまに伝えることができるようになりました。本書によって、いじめたり、いじめられたりする子が少しでも減ることを祈ります。

答えは生活のなかにある

講演で、「子どもをいじめて育てると、いじめられる側か、いじめる側になりますよ」とお話ししたとき、あるお母さんが私のところに来て「わが子を好き好んでいじめて育てる親はいません」とおっしゃいました。

確かにわが子を「いじめてやろう」と思う親はいないと思います。しかし、親の心のクセで、実は無意識にいじめてしまっていることがあるのです。

先ほどのお母さんも、そうでした。聞いてみると、小学生の子どもに一週間びっしり塾に通わせているというのです。子どもが「この塾はイヤだ」と言っても聞き入れないといいます。これは、親の考えを一方的に押し付けているだけで、子どもにとっては立派な〝いじめ〟だと私は考えています。

自分の意見を無視され、親の一方的な意思に従わされていると、子どもは相手の顔色をうかがい、逆らうことのできないいじめられっ子になるか、周囲の子に、親と同じように一方的に感情をぶつけるいじめっ子になる可能性が高くなります。親の心のクセがいじめっ子・いじめられっ子を育てるというのは、そういうことを言っているのです。

実際にもしわが子がいじめられれば、まずは先生や学校になんとかしてほしいと訴えるでしょう。いじめている子に直接話をして、解決をはかろうとするかもしれません。しかし、他人を変えたり、他人に行動を促すのは、本当に難しいものです。そちらの解決をあきらめるというわけではありませんが、すぐにできる対策として、まずは、自分自身を変えることを考えてみましょう。いじめの原因の一端は、私の例のように、家庭にあることも多いからです。

いじめを直接解決するものではないかもしれませんが、家庭のクセ、親の心のクセの見直しで、子どもが救われることを知ってほしいのです。

いじめは、家庭や学校や友だち関係や、その他さまざまな要素がからんでいて、誰《だれ》が悪いと犯人探しをするだけではなかなか解決しませんし、これといった特効薬があるわけでもありません。しかし逆にいえば、どこかが変われば、全体のいじめのサイクルを変えることも可能だということです。

自分たちで確実に変えることができるのは、「家庭」です。

親が自分の生活に悪いクセはないかをじっくり見つめなおし、子どもと本気で向き合い、心にスイッチを入れることで、いじめを解決する糸口が見えてくるのではないでしょうか。

カウンセリング事例❶ 園児の母親

四歳の長女が幼稚園でいじめられていると、母親が相談に訪れました。原因となるようなトラブルも思い当たらず、困っておられました。

筆者「いじめの原因は、園の中だけとは限りません。家の中にも答えがあります。幼児期は、人間形成がなされる大切な時期です。家ではどのように接しておられましたか？　思いつくことをなんでも教えてください」

母親「そういえば、下の子が生まれてから、その子に気をとられて、長女が『ママ、ママ』と訴えても、受け入れてやることができませんでした。それどころか、ただでさえ忙しいときにわずらわされ、イライラしていました」

筆者「子どもが何かを訴えているのに、受け入れてやれないというのは、サインを見逃していることになります。

三歳までの大事な時期に、いちばん可愛がってくれるはずの親から、話しかけられず、受け入れられず、一方的にガミガミ言われるのでは、子どもの心はいじめられているようなものです。当然、何らかのトラブルがあらわれますよ。家の中は、心を育てる練習場のようなものです。認めたところからプラスに向かいますよ。まずは、娘さんを受け入れてください」

家の中で大切に育てられたと実感できない子どもは、外に出たとき、自分が大切にされるはずがないと思ってしまいます。家の中で許してもらえない子どもは、外でも許してもらえると思えません。

親に冷たくあしらわれた子は、周囲の子どもからも冷たく扱われ、いじわるをされやすくなります。親からしょっちゅう責められ、受け入れてもらえなかった子どもは、特段に非がなくても、誰からも責められやすく、周囲に受け入れてもらえない傾向が強くなります。

家の中は、人間関係をつくる練習場、外は、それを実践する晴れ舞台です。家の中でできることは、外でも学校でも自然にできるようになります。親が生活の基本を意識して実践していれば、朝起きることやあいさつができるようになります。それを家の中で毎日、身につくまでくり返すことで、プラスの経験として生きる力がついていきます。そしてコミュニケーションも取れるようになるでしょう。子どもたちは、コミュニケーションが取れなくていじめられることもあるのです。

子どもは親の心の通りに染まります。

2 「いじめ、いじめ、いじめ」と考える前に

神経質にならないで

今年小学校に入学する一人息子をもつお母さんが、苦笑しながら次のような話をされました。

「いま、新聞でもテレビでも、毎日のようにいじめ、いじめと言っているでしょう。うちの息子も今年から小学校だし、いじめられたらどうしようと心配で、毎日いじめのことで頭がいっぱいで。あんまり心配で、ある日、八百屋さんに行ったとき、つい『すみません、いじめください』って言っちゃったんです。お店の人がびっくりして、『エッ？　何ですか』って聞き返しているのに気づかず、また『いじめください』って。お店の人に『シメジじゃないですか』って言われて、やっと我に返りました」

多くの人は、連日テレビや新聞、週刊誌などで報じられる情報に触れ、神経質になっているようです。心に余裕がないとどんどんマイナスの方向に考えるようになり、うちの子がいじめられたらどうしよう、もういじめられているんじゃないだろうか、あるいは、誰かをいじめていないだろうか……と勝手にエスカレートしてしまいます。心は落ち着かず、くよくよと気持ちは堂々巡りです。

子どもがいじめられるかも（あるいはいじめるかも）しれないと悩むのは、子育てに不安を感じているからではないでしょうか。これだけいろいろな情報があふれていると、何が正しいのかわかりづらく、不安はつのるでしょう。しかし実際に起こってもいないいじめについて悩むよりは、目の前の子どもとしっかり向き合うことのほうがずっと大切です。

まず親自身があいさつや、早寝早起きなどの生活習慣を見直し、生活の基本を大切にして、子どもをしっかり育てることです。

子育て中は誰でも迷い、悩み、焦ることもあります。私は一男一女、二人の子どもを育てましたが、これでいいのかしらと迷いの連続でした。子育てがしっかりできている人を見ては、自分はこれで大丈夫かしらと悩んだものです。

人間は、生まれたときは平等に純白です。その真っ白な心に、どのような生活のクセを刷り込むかは、親にかかっています。心が自由自在になるときに、その子しかもっていない不思議な力を引き出してやるのか、それとも自分の意見の言えない子に育ててしまうのか、その差はどこで生まれるのでしょうか。

わが子可愛さに、子どもが何か言いかけると先回りして行動してしまうお母さんがいます。すると次第に、子どもは言いたいことがあっても何も言わなくなります。「何か言いたいの？」と聞いても、「いい」と言って言わなくなります。

反対に、しつけと称して子どもが何かを訴えてもいつも否定し、受け入れないでいると、やがて子どもは言葉が出せなくなります。家の中でことごとく否定されているので、園や学校に行っても、友だちに笑われるのではないかと自分に自信がなくてしゃべらなくなります。このような子は、どうしてもいじめのターゲットになりやすいものです。

一つひとつは些細《ささい》に見えることでも、親の生活のクセによって、いじめの根っこはつくられることもあるのです。いじめられっ子にしたくないならば、家の中で自分の意見を言う練習をさせることが大切です。

「何が食べたいの？」「どうしたいの？」「あなたはどう思う？」と聞いて、子どもの心を引き出し、その言葉を受け入れましょう。その姿勢が大切です。

親は子どもが何かを言ったとき、否定せず、意見を言わせてあげましょう。親が子どもの意見を最後まで素直に聞いてやる日々の習慣によって、意見の言える子に育っていきます。

子どもの心は真っ白です。その心に何をそそいであげるか、その重大さを意識しておいてほしいと思います。

自分の意見しか言えない子

一方で、「何でも一番になれ」と言って育てられる子もいるようです。園で順番に並ぶとき、自分が一番になると言って大泣きする子や、友だちが何かを先にすると気に入らなくて大声を出すような子もいるとのこと。

何でも一番、何でも最初でないと騒ぐ子や、親が期待をかけすぎている場合は、自分の意見しか言わない子に育ちがちです。自由自在な子どもの心を伸ばすことなく、親が信じる〝立派な理論〟で常に型にはめようとしているのです。

子どもは自分の心の中を表現したくて必死で訴えるけれど、受け入れてもらえない不満から、自分のことしか言えなくなります。あれやこれやと親から一方的に押し込まれると、そのストレスから、いじめる側になることだってあります。

子どもを抑圧してやろうと思って、子どもの意見を封じている親はいないでしょう。おそらくは、〝子どものためを思うあまり〟のことなのでしょう。しかし、子どもへの期待が親からの一方的な押し付けになっていないか、一度じっくり振り返ってみてください。

子どもへの愛が下敷きになっているだけに、それが子どもによくない生活のクセをつける原因になっていると認めるのはつらいかもしれませんが、気づいたときがチャンスです。子育ては失敗することがあっても、何歳からでもやり直しがきくのがよいところです。見つめなおす勇気をもってください。

子どもは親の心のクセをコピーする

子どもの心は、生まれたときは真っ白です。それが成長するなかで、親の心のクセをコピーすることで、子どもの心にもクセがついてくるのです。子どもをいじめっ子にもいじめられっ子にも育てたくないならば、親の心の中からそういったクセを排除しなければなりません。

たとえば、子どもがAちゃんの話を始めたとき、親が「でも、あの子はちょっとわがままなところがあるよね」などとマイナスの指摘ばかりをくり返していると、子どもの心は親の心に染まりますので、Aちゃんを仲間はずれにすることもあります。

人間は誰でも、長所と短所があります。しかしそこでマイナス面の話ばかりすれば、子どももどんどんマイナスの方向ばかりを見るようになります。人間嫌いになるかもしれません。反対に、その人の長所を認めてプラスの話をすることで、子どもは他人に対して肯定的な見方を身につけ、人間が好きになるでしょう。

他人の言動や気持ちを好意的に受け止められる人は、他人からも受け入れられ、愛される人になります。いじめたり、いじめられたりすることはまずないでしょう。

子どもが親に何か訴えたとき、親はだまってよく聞いてやる、子どもの心の中にあるものを引き出してやる、子どもがワクワクして話せるように楽しく聞いてやる、子どもの心の中に潜んでいるものを引き抜いてやることが大切です。すると子どもは心が伸び伸びし、友だちの話も同じように聞いてあげ、そして自分の意見もしっかり言えるようになります。みんなと仲良くできるようになります。

子どもの人間形成は、親の心によるところが大きいということが理解いただけたでしょうか。

子どもの訴えを受け入れる

私の息子は、二人の男の子を育てています。その子たちについて、私に次のような話をしてくれました。

長男は、お母さんのDNAをもらっているので前向きで明るい。「これをやるか？」と言えば、「やるやる」と言う。次男は俺《おれ》のDNAをもっているので、後ろ向きで弱っぴぃ。「これをやるか？」と言うと、「やれるかなー？」と言い、「やってみろ」と言うと、「怒らない？」と不安がるそうです。

その弱っぴぃな次男に問題が起きました。どこの家庭でもよくあることです。ピアノイヤ、塾イヤ、英語イヤ……。次男は、スイミングがイヤと言いだしたのです。「お父さん、スイミングやめさせて」という次男の訴えを、息子は受け入れました。

そのうえで、「どうしてイヤなんだ」と心の中を聞いてみたそうです。

「あのね、B君がね、プールの中でつねったり、スイミングの先生が見ていないときに突き飛ばしたり、泳ぎながら僕を抜かして行くときに、『バーカ』と言ったりするの……。B君がイヤなの。スイミング、やめさせてよ」

事情はわかりましたが、息子は次男の弱い心を克服させたいと思い、一つだけ条件を出しました。

「わかった、やめていいよ。でもね、負けてもいいから『いじめられるのはイヤだ』とB君に言っておいで」

ところが、「負けてもいいから」と言ったにもかかわらず、次男は弱っぴぃですから、なかなかお父さんとの約束は果たせませんでした。

生きる力をつけるのは親の役目

長男は、何があっても明るく受け止められるタイプですが、次男は心が弱く、引っ込み思案です。息子夫婦は、ここが次男のふんばりどころだと考えて課題を出し、そして次男が課題を果たすのをじっと待ちました。

「しっかり生きる力をつけてやろう。ここを抜ければ自信にもなる。クリアするまで寄り添ってやろうな……」と真剣に話し合っていたそうです。

「子どもに生きる力をつけてやることが、俺たち親としての仕事だと思う。蝉《せみ》が殻を脱いで成長していくように、子どもの目の前に起こっていることをクリアさせてやり、小さなことでも子どもの心に寄り添ってやるのが、親の真の愛だ」

とも言っていました。

お父さんとお母さんがあまりにも真剣に話し合っているのを見て、次男は自分のことでケンカをしていると思ったほどだそうです。

しかし、やがてその真剣さが伝わったのでしょう。小学一年生になったある日、次男がやっと勇気を出し、「お父さん、今日は頑張ってくるね」と言ったそうです。

「俺の言葉が心の中にコロリンと入ったらしい。一年かかったぞ。おふくろ喜べ、次男の心にスイッチが入ったらしい」

息子は大喜びです。そして次男はスイミングスクールにお母さんと行き、B君に「ボク、いじめっ子きらい。いじめはやめて」と言い切ったのです。

小学一年生でも大人でも、一人ひとりが課題をもっています。何か言われるとすぐにシュンとしてしまうとか、強い態度に出られるとすぐに譲ってしまうとか、そうした弱い部分があると、人間の群れの中でターゲットにされてしまうきっかけになります。

人間は、悲しいかな自分より弱い者を見下す習性があります。

中学生から大金を恐喝して逮捕され、少年院から出所してきた少年と面談したことがあります。どうやって恐喝する相手を決めるのかと聞くと、

「簡単だよ。中学校の校門で出てくる子を見て、目の淋しそうな子をつかまえれば一発だよ。明日、金を持ってこいと言えば、十人中十人とも持ってくる」と言いました。

「いじめない性格」「いじめられない性格」というものがあるわけではありません。しかし、子どもが自分の意見を言えるようサポートしてあげたり、家庭のなかで生きる力をつけてやることが、いじめたり、いじめられたりしない子どもを育てることにつながるのではないでしょうか。

「母は味方」が一生の宝

私は八人きょうだいの長女です。子ども時代は戦中戦後で国も大変なときでしたが、わが家も大変でした。母はいつも朝からガミガミ言っていました。

次から次へと矢継ぎ早に「玲子、あれをやれ」「これをやれ」「まだやっていないのか」「妹が泣いているでしょ」「長女のくせに」「もう中学生でしょ」「食事の準備をしておけ」と叱られてばかりでした。一生懸命やっても否定され、怒られてばかり。いつも自分に自信がなく、不安でした。

人前に出れば、いつもビクビクしていました。人が笑っていれば、私を見て笑っているのではないか、何かおかしいのではないか。学校でもどこでも、いつもビクビクしていました。家の中で受け入れてもらえず、認めてもらっていない子が、外で受け入れられるはずがありません。いつもビクビクしている私の姿は、いじめのターゲットになっていました。

学校から村まではグループで帰るのですが、いつも仲間はずれでした。

ある日、一人で下校していると、同級生や上級生が田んぼ道を数人で手をつなぎ、「とおせんぼ」していました。一人の上級生が「ここを通ってはダメ」と言います。家に帰るにはこの道を通るしかないのです。

「通して。ここはみんなの道でしょ、通して」と言うと、「玲子ちゃんは貧乏だから通ってはダメ。貧乏人は道を歩いてはいけないの」と言って、通してくれません。

みんなが手をつないでいる下を抜けたところ、上級生がいきなり私をつかまえて、「貧乏人は通るなと言ったでしょ」と言って、いきなり私の手にかみついたのです。ふき出した血を見て、その子たちも私もびっくりしました。家はすぐ近くでしたから、大泣きして家に帰りました。

八人の子育てをしている母は忙しく、ふだんは何を言っても反応しないのに、その日は「どうした」と言って飛び出してきました。

「今、そこの田んぼ道でみんなにとおせんぼをされて、手と手の間を抜けたらCちゃんに『貧乏人は通るな』と言われて手をかまれた……」

と言うと、いつも引っ込んでいる母が私の手の血を見て、いきなり私の手を引っ張り、Cちゃんの家に行きました。そしてCちゃんのお母さんに向かって、

「玲子の手を見なさい。血がふき出ているでしょ。Cちゃんに貧乏人はこの道を通るなと言ってかまれたらしい」

と言いました。お母さんに呼ばれたCちゃんが表に出てくると、さらに大きな声で、

「あんたの家では、貧乏人はバカにしていいと教えているの？　家が大きいからといって、うちみたいな家を見下しているの？　お金があれば人をバカにしていいと教えているの？……」

母は、何かにとりつかれているように言いつのりました。

母はいつも弱く引っ込んでいて、何を言っても聞かないふりをしていると思っていたのに、私の心の中を代弁してくれたようで、私の心はすっきりと晴れました。私が心の中で思っていることを、母はすごい勢いでバンバン言ってくれたのです。今度はうれしさのあまり、泣きながら家に帰りました。

この体験は、母はいざというときは強い味方になってくれるのだという強い愛を感じることができ、一生の生きる宝になりました。

やはり子どもにとって「母親（もちろん父親も）が味方でいてくれる」と実感できることは大切です。将来、いじめなどの困難に直面したとき、「それでも自分には味方がいる」と思えることは、何よりも強い支えになります。言葉で、態度で、その思いを子どもに伝えるようにしてください。

3

「いじめ」につなげない子育て

優しさと思いやりを育てよう

ドイツの教育学者フレーベルの名言に「子どもは五歳までにその一生涯に学ぶすべてを学び終えるものである」というものがあります。五歳までに人生のすべての生活の基礎を教えるとなると、親とのかかわりが強い時期ですから、親のスタンスが重要になってきます。

五歳までとは言いませんが、親は子どもに何を教え、伝えていけばいいのでしょうか。

たとえば優しさや思いやりの心。

先日、講演に向かう新幹線の中で、こんな体験をしました。

終点の東京駅に着いたのですが、一人の青年がぐっすり眠っています。何十人もの人がみんな、彼を横目で見ながら降りていきます。私は最後に降りるとき、青年に「東京よ」と言って起こしました。見て見ぬふり、他人が困っても無関心では、すごく淋しいことだと思います。

よく寝ているので起こさない、それは本当の優しさでしょうか？　悲しいことだと思います。

お友だちが転んだら飛んでいき、「大丈夫？」と声をかける。そんな思いやりのある子どもに育てるのは、日々の生活のなかでの親の心がけ次第です。「人には思いやりをもって接しましょう」と標語のように言っても、できるようにはならないのです。

親がわが子を含め、他人に優しく接する姿を見せるなど、実際に思いやりのある人間の見本になれば、優しさも思いやりも、子どもは自然に身につけるものです。いじめられている友だちがいれば、飛んでいって「いじめてはいけないよ」「可哀相《かわいそう》でしょ」と思いやる言葉が出るでしょう。優しさもまた、いじめに立ち向かう大切な力になります。

親の心の程度にしか育たない

誰だって、子どもを幸せにしたいと思っているでしょう。ところが思春期になると、問題行動を起こす子が出てきます。才能を伸ばしてやろうと小さいときからお稽古《けいこ》ごとや塾に行かせたのに、どんどんやる気をなくしてしまう子もいます。「どうして?」と聞いても答えは返ってきません。

その答えを、親の心の中に探してみましょう。

幸せにしてやりたいと思って一生懸命努力したのに、子どもは幸せではなさそうだ。そんなときは、次のような理由が考えられます。

・あいさつや早寝早起きなどの生活の基本ができていない
・「○○しないと××になるよ」と子どもを脅かしてきた
・塾やお稽古ごとに行きたがらないときは「○○をあげるから」など物で釣ってきた
・子どもの意思より親の理想ばかりを押し付けてきた

・子どもがワクワクして挑戦しようとしたことを「危ない」「役に立たない」など親の考えで止めてきた
・いつもガミガミイライラしている

など、毎日こんなふうにされていたら、大人でもへこんでしまいますよね。

親は子どもに、こんな人になってほしい、こんなことができるようになったら素晴らしいだろうと、期待をこめて、子どものやることなすことに口を出そうとします。

でも、子どもはそんな親の言葉だけでは思う通りに育たないのです。子どもにあれこれ言いながらも、それと反するような行動をとっていたりすると、しっかりとそれをコピーします。親の言葉より心や行動が、子どもの育ちには強く影響します。

いじめられっ子もいじめっ子も……

子どもに何か問題が発生したとき、糸をたぐり寄せれば、親が子どもにどんなことを刷り込んだのか、家庭のなか、親の生活のなかに解決のヒントが隠されていることがあります。子どもと接してきた親ならば、その答えをよく知っているでしょう。

答えを知っているといっても、あなたが悪いというわけではありません。ただ、自分が悪いかもしれないと考えることができると、人のせい、何か別のもののせいにして、真の原因にたどり着けずにウロウロしてしまうことはありません。自分のせいではないという理由を探して自分を正当化するよりも、原因に心あたりはないかと考えたほうが早いでしょう。発信地は、自分なのです。

子どもは何かあれば、必ずサインで訴えます。友だちとうまくかかわれないとか、トラブルが多いとか、親に気づかせようとしてサインを送りつづけます。

子どものサインは「今だったら間に合うよ」という合図です。心が淋しいとき、お母さんの心が間違っていると訴えたいとき、親の基本がズレているときに、爪《つめ》をかむ、指をしゃぶる、チック、高熱、おねしょ、ひきつけをくり返す、奇声をあげる、こだわりが強くなる……などのサインを示すことがあります。サインは子どもが百人いれば百のサインがあると言えるほど多様です。

心の中の思いは必ず何らかのサインとしてあらわれるというのは確かですので、子どもの変化には常に気をつけておいてほしいと思います。

愛の回路をつくることが大切

フランスの哲学者アランの名言に「人類はぜひとも愛することを学ばなければならない」というものがあります。

赤ちゃんが生まれたときから愛情をかけ、子どもの体の中にたくさんの愛の回路をつくってやることが大切です。

思いやりも優しさもない子が増えたら、この世界はどうなるでしょう。いじめ対策、いじめ撲滅の前に、親が本心からの愛で子どもを育てることが優先です。

子どもの心と親の心は、糸のようにつながっています。

ある園の園長先生が、子どもがひどい緊張で心を開けない、遊べない、話さない、友だちが遊んでいるのをじっと見ているだけ、表情がかたい、どうしたらいいだろうと悩んでいました。

こんなときは、親の心が沈んで、イヤイヤ生活していることが多いものです。子どもが「ママ、ママ」と話しかけてもにっこり笑顔で対応できないほど余裕をなくしていると、子どもは意欲がない子に育つことがあります。

子どもが喜んでいるときは、お母さんも「よかったね」と笑顔で共感することによって、子どもは行動する意欲も出るのです。やる気のない子、意欲のない子はそういう性質に生まれついたわけではなく、生活のなかでの親のかかわりが、そのような性格をつくりあげることもあるのです。子どもの育ちに及ぼす親の影響の大きさを知ってほしいと思います。子どもと親の愛の回路が、ひとりの人格をつくるのです。

子育ては学問ではない

愛情や優しさの不足が他者とうまくかかわれない態度につながるケースとは反対に、他者への攻撃へ向かう場合もあります。「あの子を無視しろ」と一人の子が言えばクラス全員で誰かを無視するなどというのは、人間としての優しさも思いやりも感じられません。

優しさと思いやりで和を大切にしてきた日本人が、なぜこんな希薄な心をもつようになってしまったのでしょうか。世の中変わったからといって、子育ても学問のようにしてしまったからでしょうか。人格が形成される大切なときに、人としての基本を忘れ、機械のように知識や技術ばかりを教え込まれたからでしょうか……。

どんなことでも、なしとげるには、まず基礎・基本です。

しつけの原点は、いかに無意識のうちに体に生活の基本をしみ込ませるかです。プロ野球のイチロー選手も、基礎を何千回もくり返したと言います。

時代がどんなに変わっても、生活の基本は不変です。世の中が変わったというのを言い訳にして、大事なことまでもが消えかかっています。生まれた子どもが悪いことに染まらないためにも、しっかり愛情をかけてほしいと願っています。朝はきちんと決めた時間に起き、生活のリズムを整えたならば、子どもは本来の真っ白い状態で育っていけると思います。これが、親がすべき人間形成です。

私は、日本の教育の流れをずっと見てきました。自由保育が始まったとき、どの県の園長先生も悩んでいました。「日本の教育の流れをどうすることもできない。自由保育は危ない」と言っていました。

親たちは自由保育を自分勝手に解釈し、自由だけを主張し、自分勝手なことを言い張るようになり、園長先生たちは困っておられました。当時、自分の子どもだけよければいいという、自己中心的な風潮が蔓延《まんえん》してしまったのです。

親の自己中心的な考えを見て育った子どもたちが自己中心的になるのは当然で、心も希薄になったのでしょうか。友だちがクラスでいじめられていても見て見ぬふり。「友だちをいじめるのはやめなさい」という、友だちを思いやる言葉を誰も出さない。よくないと思いつつも、「言えば、次は自分がいじめられる」と思って口をつぐんでしまう。見ているのもつらいけれど、自分もいじめられたくない――。

厳しい言い方になりますが、やはりどこか、思いやりの心が欠けてしまっているのではないでしょうか。いま、社会全体がこれまでになくいじめ問題を大きく取り上げて注目しています。この機会に、人とのかかわりや助け合う関係等を見直すきっかけになればと心から願っています。

この原因の糸をたぐり寄せると、学校→地域→家庭→親とつながります。親の心のクセがすべての原因ということではありませんが、その一端をになっていることを自覚し、真剣な対応を考えていけば、必ず変わると思っています。親としてできることは、そこがいちばん重要だと思うのです。

物事はプラスに受け止める

心は、受け止め方でどのようにもなります。

何かにとりかかるとき、私は心によく言い聞かせました。「よし、やれる」「チャンスが来た」と受け止め、苦労の荒波を乗り切ってきました。「失敗したらどうしよう」とマイナスに受け止めると、心はどんどん弱くなり、どうしていいかわからなくなり、どうでもいいやという心境に何度もなりました。

最初からマイナスの答えを出す人も少なくありません。やっていないのに、やる前から「無理無理」と答えを出してやろうとしない。どうして私ばっかり……と人を責める。

すると、壊れたレコードがぐるぐる回っているように、マイナスのことばかりを言うようになります。それでは人生がもったいない。おまけに、マイナスのことばかり言う親のもとでは、子どももどんどんマイナスの考えにとりつかれ、何事にも前向きに取り組めなくなります。それは、いじめの根っこを育てることにつながりかねません。

どんなことでも、受け止め方次第で幸せの道に入れます。まず、親が心をプラスにもち、子どもに見せてあげられるといいですね。

カウンセリング事例❷

いじめられっ子の息子をもつ母親

小学四年生の息子さんがいじめが原因で不登校になり、相談に来られました。これまでに何カ所か相談に回られたらしく、いろいろな意見を言われ、どうしたらいいかわからなくなったと悩んでおられました。最後は迷って、占いにも行かれたとのことでした。

筆者「答えは、偉い人がもっているわけではありません。あなたが産んで、あなたが抱っこして、あなたが育ててきたのです。自分と子どもを信じてください。あなたが答えをもっています。

子どもは、親の生活のクセ、心のクセをコピーしています。あなたの心の程度に、息子さんは育っています。幼児期にどのようにかかわってきたかが答えになります。他人に答えを求めても、あるいは人のせい、何かのせいにしていても、答えは出ないのです。

あなたの心の中をのぞいてみてください。そうすれば答えは出ます。まずは、あなたのかかわり方に答えを求めてみてください」
母親「そういえば、子どもが小さいころ、いつもイライラしていて、叱り飛ばしてばかりいました。何か話しかけてきても、受け入れてやることができませんでした」
筆者「では、答えは出ましたね。お子さんを、受け入れてあげればいいのですよ」

いじめや不登校は、子どもからの「淋しいよ、お母さんと話がしたいよ、こっちを向いてよ」というサインだったのです。サインに気づいたことをきっかけに、このお母さんは子どもを受け入れて、積極的に話を聞くように姿勢を切りかえました。息子さんもお母さんにいろいろな話をするようになり、会話が増えて、最近では学校の話題を出しても抵抗を示すことがなくなり、学校へ行けそうになっているということです。

子どもは、何をやっても怒られ、はじき飛ばされて受け入れてもらえないと、自信のない弱い子になりがちです。

親がイライラして子どもをストレス発散の対象にしている、自分が描く理想の型に子どもをはめようとして嫌がるお稽古ごとや塾へ行かせるなどしていると、子どもは親に受け入れてもらえなかった淋しさを抱え、成長とともに問題行動へと発展することがあります。

子どもの問題行動は、子どものなかに原因があるのではありません。親の心のクセを見つめるところから見直してみましょう。

第2章

子どものサインを受け止める

1

子どものサインを読み取る

サインは警告

この世におぎゃあと生まれたばかりの赤ちゃんは、真っ白な心を持っています。そこに次第に、親の心のクセ、生活のクセを刷り込まれていきます。

よいクセもあれば、あまり歓迎できないクセもあるでしょう。そんなとき子どもは、「お父さん、お母さん、それでは僕は（私は）育たないよ」と、さまざまなサインを送ってきます。子どものサインは、親の生活が「どこか間違っているよ」という警告なのです。

サインに気づいて自分で認めたとき、親の心が変わります。親の心が変わると、子どものサインはおさまっていき、プラスに向かいます。

子どものサインは、実にさまざまです。

よく熱を出す、爪《つめ》をかむ、指をしゃぶる、いつまでもおねしょをする、こだわりが強い、原因不明の微熱が続く、急に乱暴になる、人にかみつく、ウソをつく、すぐにすねる……これらは〝サイン〟のほんの一部です。

子どもからのサインは、百人いれば百のサインがあるといえるほどまちまちで、「このサインが出たらアウト！」というようなわかりやすい目安はありません。どの行動がサインなのかを見極めるのも難しいでしょう。でも、何かわからないけれど「何だか普段とちがうな」という親の勘も鋭いものがあります。

子どもは淋《さび》しい思いを抱いているとき、心の限界がきているときにはサインを出します。それを見逃さないようにしましょう。

サインは、親への警告です。しかし、サインのうちはまだ、問題は小さな芽にすぎません。その小さなときに、親が自分の問題点を認めるか認めないかで、事態は変わります。

親としてよくなかったところを認め、変わっていけば、子どももよい方向へ変わります。しかし、せっかくの子どものサインを「よくない状態だから直してあげなければ」と怒って子どもを変えようとすると、問題はどんどん膨らんでしまいます。

幼児期に親がどのようにかかわったかの答えは、思春期に必ずブーメランのように戻ってきます。

サインの警告をきちんと受け入れたのか、無視したのか、親のとった行動が、子どもの育ちに影響を与えます。

気づくか気づかないか、受け入れるか受け入れないか、認めるか認めないかで、その後の人生が大きく右と左に分かれることもあります。よく、自分は運が悪いから不幸になったのだと嘆く人がいますが、そうではありません。どんな場合でも必ずサインがあり、それにどう対応したかで違いが出ているのです。

また、子どものサインは子どもからの単純なSOSではなく、親にとっても大切な警告だということをわかっておいてください。

たとえば大雨が降ったとき、「山から流れてくる水が濁ってきたら、土砂崩れや鉄砲水が起きる」といわれています。このサインを正しく受け取り、避難することで災害を回避できることがあるように、子どもからのサインは、親を助けるための警告でもあるのです。子どものサインを真摯《しんし》に受け止め、自分の生活や心の中を振り返ってみてください。

子どもがわが身をもって必死に訴えているサインを無視することなく、チャンスととらえて生活を見直していきましょう。

すべてに原因と結果がある

どんなことにも原因はあります。

たとえば病気になったときのことを考えてください。熱が出て病院に行くと、お医者さんはその原因を探すために、「のどは痛いですか、鼻水は出ますか、寒気はしますか、咳《せき》は出ますか、食欲はありますか、昨夜はよく眠れましたか」などと質問して、原因をさぐります。正しい原因を突き止めることで正しい対処ができ、症状が改善されるからです。

原因をさぐらずに、熱があるからといって熱さましを処方するだけだとどうなるでしょう。一時的に熱は下がるかもしれませんが、もし別の病気が潜んでいた場合、その症状はさらに悪化してしまいます。

子どものサインも同じです。子どもが発するサインを感じ取り、表面だけの対応をせず、その真因をさぐらなければなりません。

たとえば、子どもがいじめられているとき、子どもは親に気づいてもらおうと、毎日サインを送ります。「食欲がない」「成績が下がった」「登校前に急に熱が出る」「気分が悪い」「おなかが痛い」「登校をしぶる」……いろんなサインが考えられます。いじめられているよ、苦しんでいるよという子どもからのSOSサインです。

ところがこれを〝サイン〟と受け止めていないと、子どもの表面的な状態にだけ目を奪われた対応をしてしまいます。食欲がない、おなかが痛いと言っている子に、何か悪いものを食べたのかしらと、腹痛止めの薬を与えて学校に送りだしてしまいます。あるいは、園や学校に行きしぶる子に、「なんで行きたくないの！　そんなだらしないこと言ってないで、とにかく行きなさい！」と怒鳴りつけてしまったりします。

子どもが必死の思いで訴えたサインを見逃し、見当違いの対応をしていると、子どもは「何を言っても伝わらないんだ」とあきらめ、次第に親には何も言わなくなります。せっかくの子どもを助けるチャンスをみすみす逃すことになってしまうのです。

物事には、必ず原因があります。「おなかが痛い」と子どもが言う原因は、確かに食べ過ぎや食当たりのこともあるでしょう。しかし、特にそういう原因にいき当たらないときは、「まぁ、そんなときもあるかな」と受け流してしまわず、親としてもう一歩、踏み込んで考えてほしいのです。

そこから出てくる原因は、親への不満だったり、いじめなどの深刻な問題かもしれません。しかし、サインを正しく受け止めたとき、必ず結果はプラスの方向に向かいます。子どものサインを、親の心の中や生活を見直すチャンスにしてください。

また、子どもが心の中の不満や淋しさをサインで訴えたとき、見当違いのことばかり言って、子どもの心の中とピタッと合わないことが続くと、子どもはモヤモヤした不満をため込み、おとなしい優しい子が、急に暴力的に出て暴れることもあります。親としては「突然に」と思うかもしれませんが、子どもの中ではすべてつながっているのです。

「いじめっ子」も「いじめられっ子」も、その他、暴力的だったり非行に走ったり引きこもったりする子どもたちも、みんな必ずサインを送っています。そのサインに気づいたときがチャンスです。そのとき、親が自分と子どもの心の中を見つめ、正しく対応できれば、どんなときでも必ず間に合います。

大切なのは、サインに気づくことです。そして、その原因をさぐり、原因となったものを認めること。結果があらわれるまで、「やる」ことです。

サインは最高のカウンセリング

子どものサインは、親を正しい生き方に導くためのメッセージです。

親が人間として基本的な生き方をしていれば——他人には優しく思いやりをもって接するとか、社会のルールを守るとか、規則正しい生活を送るなど——子どもにもそれが刷り込まれます。そうして育った子たちは、生きる力がつき、いじめっ子にもいじめられっ子にもならないでしょう。

子どものサインは、生きる力をもちたい、まっすぐに育ちたいと思う子どもたちからの、親への警告なのです。

「今だったら間に合うよ」
「私のことを受け入れてよ」
「ちゃんと僕のことを認めてよ」
「生きるための基本を教えてよ」

「お父さん、お母さんの思い通りの型に入れないでよ」

「どうしていつも忙しいふりをしているの?」


子どもたちは訴え続けています。


小さなときに、サインを出さない子はいません。

うちの子はサインを出したことはありません、と言う人もいますが、気づいていないだけです。子どもをいじめもいじめられもしない、幸せな子にしたいと思うとき、サインに気づいていない自分を認めることが大切です。

プライドや、意地に邪魔されて、サインを見逃さないようにしましょう。子どもは自然に、平等にサインを出しているものです。

事が起こる前に影が差す

古くからある名言に、「事が起こる前に影が差す」というものがあります。子どものサインと実際の状況を確認していく作業のなかで、何度もこの名言に納得しました。

「子どもが非行に走ってしまいました」「暴力をふるいます」と、子どもの問題行動について相談に来られる親御さんに、「幼児期に、何か気になることはありませんでしたか？　たとえばこだわりが強いということはありませんでしたか」と聞くと、十人中十人が「そういえば、そんなことがありました」と言われます。そのとき気づいたかどうかが分かれ道です。

どんな家庭でも、子どもからのサインはあります。

「うちは貧乏だから」

「私が親との仲が悪いから」

「私がダメなんです」……

いろいろ言う人はいますが、そういったことは、直接的な原因ではないのです。サインに気づくか気づかないか、認めるか認めないか、受け入れるか受け入れないか、それだけです。この原点を認め、自らの生き方を見直さないと、子どもの苦闘は続くでしょう。

あなたが子どもとどうかかわっているか、それがサインとなってあらわれるのです。ポイントは、親の心の底にあります。

どんな幼い子どもでも、言葉のわからない赤ちゃんでも、子どもなりの「意思」があります。その訴えを正確に受け止めることなく、意思を無視して親の思い通りに育てていけば、いつしか必ず問題となってあらわれるのです。それが幼児期なのか、小学生時代なのか、思春期なのか、はたまた大人になってからなのかはわかりません。

しかし、気づいたときに、必ず間に合うようになっているのです。

その答えは必ず生活のなかにある。それが私の命をかけて、糸をたぐりよせるようにして出した答えなのです。どうぞ、あなたの悩みを解決する糸口としてください。

2

サインはどんな形であらわれるか

いじめっ子もいじめられっ子も、根っこは同じ

いじめが発生するとき、たいていはクラスの四十人のうちの一人がいじめられ、四十人のうちの一人がいじめを先導しますが、不思議だと思ったことはありませんか。確かにいつも同じクラスに、いじめっ子といじめられっ子がいます。しかし、もともと「いじめっ子」「いじめられっ子」という個性をもった子がいるわけではありません。親の生活、暮らしぶりに警告を出して気づかせようとして起こす行動が、いじめたり、いじめられたりといった結果になっているだけなのです。その根っこに気づかない限り、いじめに対してさまざまな対策を打っても、一時的な対処にしかならず、根本的に解決することはできないでしょう。

子どもがいじめや問題行動を通して親に送っているのは、親を正しい生き方に

導くためのメッセージです。

周囲の子どもたちにいじめられたり、いじめたりするのは、その子だけの問題ではありません。親の生活のクセ、心のクセが原因として潜んでいます。

他のせいにして「アナタは悪くないのよ」と子どもに言っても事態はあまり変わらないでしょう。親が素直に自分のクセを見直し、正していく、自分を認めることが子どもの心を動かすのです。

心の中にある原因を探し、その根っこから手直しをしていくのが、いじめ問題を解決する早道です。

子どもをとりまく問題は、いじめだけでなく、家庭内暴力、校内暴力、暴走族、性の乱れ、薬物乱用、不登校……実にさまざまなものがあります。無気力や無関心、共感性の低さも、目に見えにくいですが、問題行動といえるかもしれません。これらは、子どもがさらされているストレスのあらわれでもあるでしょう。

子どもが発するサインを素直に受け止めて、人生というぜんまいを正しい方向に巻き戻すために、毎日の生活を見直していただければ、そこから抜け出す道は必ず見つかります。

どのようなサインがあり、どのような生き方のクセが問題になるのか、具体的なケースを交えながら、お話ししていきたいと思います。

ケース① 長女だけがいじめられる

小学三年生の娘がいじめられているといって、悩んでおられるお母さんがいました。

三人きょうだいの長女で、幼稚園のころからなぜかのけものにされることが多かったといいます。小学校入学を機に、父親の転勤で新しい土地に引っ越し、新しい人間関係が築けるかと思っていたのに、三年生になると、クラスの子から意地悪をされると泣いて帰るようになったのです。

学校の先生に意地悪をやめさせるように訴えると、「告げ口した」と言ってかえっていじめられるようになったため、「もう、先生には言わないで」と言われたそうです。

とはいえ、何もしないでいても意地悪は続きます。悩んでも出口はなく、しまいには「あなたが弱いからだ。下の二人はいじめられていないのに、なぜあなただけがいじめられるの」と長女を責めることもあったそうです。

悩み続けていたある日、私の講演を聞くことがあり、「いじめの根っこは親の心の中にある」という言葉にハッとしたそうです。

彼女が幼いころ、母親は長患いで臥《ふ》せっており、母親に甘えるという記憶があまりないまま結婚・出産し、初めての子育てはイライラの連続でした。おまけに熱を出したりケガをしたりで、病院通いが絶えません。ピアノを習わせれば泣いて嫌がる日が続き、長女を甘やかそうとする姑《しゅうとめ》とのいさかいも重なり、いつも長女にはイライラ、口やかましく言ってばかりだった自分に気づいたのです。

家の中で母親からガミガミ言い続けられ、いじめられても「あなたが悪い」と責められ、下の子と同じように甘えさせてもらえないわが子が、外の世界でみんなから可愛《かわい》がられないのは当然だ。私自身が子どもをいじめながら、「学校が悪い、先生が悪い、友だちが悪い、甘やかすおばあちゃんが悪い」と、周りばかり責めていても解決するわけがなかったんだ。

ようやくそう思いいたったことで、心の底から子どもを受け入れることができるようになったそうです。命令口調だったのをやめ、子どもの意見を聞くようにし、夫婦げんかもひかえるようにしました。

すると子どもの表情が明るくなり、態度にも自信が満ちあふれてきました。母親が変わったことで、子どもも少しずつ変わることができたのです。やがていじめから解放されたといいます。

母親が自分の育て方の間違いに気づけたことが、いじめの構造を変えるきっかけとなったのです。


子どもは、日々の生活を通してサインを送っています。

そんなとき、どんな心で子どもと接してきたか、自分の生活ぶり、心の置き場所など、その間違っていた点を、どれだけ認められるかが大切です。それが、プラスの変化への出発点になります。

心を澄まして、子どもからのメッセージを受け止めましょう。

ケース②

都合のいいときだけ親の顔をすると……

わが子がいじめっ子ではないかと先生から指摘され、憤慨されているお母さんがいました。

うちは不良になったような親戚《しんせき》もいないし、悪い子たちとも遊ばせていない。小さいころから誰かをたたいたとか、わんぱくで手が負えないなど、友だち関係でもめた記憶もないのに、いじめっ子扱いをされるとは心外だ、と言います。

「子ども自身が問題児だから問題を起こすとは限りませんよ。お母さん自身の生活に、何か思い当たることはありませんか?」

と聞いたところ、

「私はちゃんと毎日早起きをして朝食をつくって食べさせているし、学校や地域の行事にも積極的に参加しています」

と自信満々です。

家庭や学校や地域の行事についても聞いてみると、夫は何もしてくれない、先生の頭が固くて困る、○○さんというわがままな人がいて自分がどれだけ大変かなど、次から次へと不平・不満・悪口の嵐《あらし》です。こんな心で三六五日を過ごしている生活の積み重ねが、いじめる側にまわる子をつくっていきます。親の生活習慣のなかから子どもの性格の味ができあがっていくのです。

子どもは親の行動をよく見ていて、いいことも悪いことも、しっかりコピーします。お母さんが周りの人を見てあれこれ批判・中傷している姿を見ていると、子どもも周囲の子どもを攻撃する――つまり、いじめるようになることもあるのです。

親のマイナスの言葉や行動は、子どもにそのまま通じています。親の心と子どもの心はつながっているのです。

いじめの原因を〝外〟にばかり求めず、自分の暮らしぶり、心の中にないか、一度探してみることが大切です。

人を責める心、自分が正しい、自分が偉いと思い上がった心、グチる心、子どもを疑う心がないでしょうか。いじめは、そんな親の心をいましめるための一つのサインなのです。

心の底を認めたときからプラスに向かっていきます。

特別なことをする必要はありません。

何事も、まずは基本です。人間は、基本通りの生活をしていると、不思議と心がスッキリしてくるものです。

規則正しい生活リズムなど、生活の基礎訓練をされると子どもは心と体で覚え、人間の土台の基礎ができあがります。生きる力がついて、十分な可能性を発揮できる力がつくでしょう。

子育ては、シンプルでいいのです。

ケース③ 姑の嫁いじめからの連鎖

親子の直接的なケースではありませんが、いじめは学校だけでなく、広くは家庭や社会にもあり、それが親子へとつながっているケースがあります。

ある地方の農家の話です。

お嫁さんは、「ここに嫁いできた以上は頑張らねば」と朝早くから田畑に出て汗を流して働いていました。しかしそれを見ても、お姑さんは「私はもっと働いた」「嫁にもらってあげたのだから、感謝して働きなさい」「子どものことなどで学校に行くヒマがあったら、もっと家のことをしなさい」と文句をつけ続け、さらには「○○の嫁は朝早く畑に出た後、勤めに出ている」「あんたは畑仕事だけなのに、家の仕事まで私に手伝わせるのか」とお嫁さんへの嫌みが止まりませんでした。

お姑さんは、自分がお嫁に来たときのことを考えれば、まだまだひどくない、と思っていました。すべての行動に目を光らせ、否定して回られ、お嫁さんはノイローゼになるのではないかと周囲が心配するほどでした。何一つほめられず、優しい言葉もかけられずにいるお嫁さんから、優しい心が出てくるはずもありません。

子どもが学校でピアノが上手に弾けなかったと言ったとき、

「何、ピアノも弾けないの。ダメな子ね」

と傷つけるような言葉を投げ返してしまったそうです。

もし、お姑さんがお嫁さんに、「いつもたくさん働いてくれてありがとう」「よくお嫁に来てくれたね」と心を癒《いや》すような言葉をかけていたら、きっとお嫁さんは子どもに、

「あなたはピアノを習っているわけじゃないのだから。あなたは他にできるものがたくさんあるじゃない」

と優しい言葉で慰めてあげることができたでしょう。

ちょっとした言葉のかけ方次第で、人生は大きく分かれてしまうのです。

人に受け入れられたり、思いやりのある言葉をかけられることによって、人を受け入れたり、思いやったり、優しい言葉をかけたりすることができるようにな

ります。そんな場所には、いじめたり、いじめられたりの関係は発生しないものです。まずは、家庭がそういう場所になることが必要なのです。

窓を広く、大きくもつ

最後のケースとして、ある日の私と息子との会話を例にとりましょう。

「お母さん、今日の弁当のおかず、まずかったよ」

「まずかった？　ごめんね。明日は一生懸命つくるからね」

「頼むぜ」

そう言ったあと、おもむろに付け足しました。

「オレの友だちは、お母さんに『弁当のおかず、まずかった』と言うと、『そんなことはない。せっかくつくったものに文句を言うくらいなら食べるな』と叱《しか》られるんだって。まずいものはまずいのだから、叱ることはないのにな」

「そうだね。本人が『まずい』と言っているのに、『そんなことはない』と否定することはないよね」

腹の立つ言葉であっても子どもが発した言葉は、まずは認めてあげればいいのです。親の威厳だとかプライドから、「イヤなら食べるな」と脅していては、子どもの心は縮まるばかりです。いちばん安心できるはずの親に、ビクビクして何も言えないようでは、どこに向けて自由に言葉が発せるというのでしょう。

私の息子は、食事の注文が多い子どもでした。

私は、「お母さんは忙しいのだから」と言い訳をしてしまうと、息子と私の心が通わなくなると考えました。だから息子が食事の注文をしたときは、これが私の勉強だと思って受け止めたのです。

「今日はサラダが食べたい」と息子が言えば、

「はい。楽しみにしていてネ」と答えました。

息子は「ヤッター」と喜んで学校へ行きました。

言うことを一つ聞いてあげれば、その他のすべての行動が通じるようにもなります。子どもの声が親に届かない家庭は、やがて崩れてしまうでしょう。

子どもへの心の窓は、大きく、広く、常に開いていていたいものです。

「仕方ない」ではすまない

このような会話をしたことはないでしょうか。

「ねぇ、ゲーム買ってよ」

「来年の誕生日まで我慢するって約束したでしょ」

「みんなもう持ってるもん。我慢できないよ。買ってくれないなら盗むしかないよ」

「人の物を盗むのはよくないことくらい、知ってるでしょ」

「買ってくれないんだから仕方ないじゃないか」

「じゃあ買ってあげるから、人の物を盗んだりしないで」

これは、子どもの言葉を受け止めたことにはなりません。脅しに屈しただけで、百害あって一利なしです。

子どもの言うことを受け入れることは大切ですが、それ以前に、子どもが小さいうちから人の道の善悪を教えることが、子育ての基本です。

人間の基礎づくりに心をかけることなく、そのときの親の気分次第でカーッと怒ってみたり、脅したり、ごほうびで釣ったりしていたのでは、子どもは正しいことを学べません。親に振り回されたことを学び、大きくなったら今度は、子どもが親をふり回すようになるのです。

ゲームがやがてオートバイや車になり、つぎにはギャンブル、そして借金へ……。

大げさな話ではなく、転落への坂道は急です。なぜうちの子がこんなことに、どこで間違えたのかと嘆かれる親御さんを何人も見てきましたが、決して突然なことでも、運や間の悪さのせいだけでもありません。必ず家庭でそうなるまでにサインが見られたはずなのです。

《空《から》の容器は、いちばん大きな音を立てる》という格言があります。

どんなにプライドが高くても、心の中が空っぽでは何の役にも立ちません。親の見栄やプライドは捨てましょう。親が今、決心すれば、間に合うことがあります。それをくよくよ考え、ズルズルと先送りして、事が起きてから「あのとき〇〇しておけば……」とか「先生が悪い」「こんな時代のせいだ」とへ理屈で逃げていては、不幸を呼び寄せるばかりです。

自分の心の中に、解決への答えはあります。本人がいちばんよく知っているものです。心に浮かぶ答えに、素直に従ってみてください。

3 自分を見つめる

幸と不幸の分かれ目

何か思いもよらない悪いことが起こったとき、「なんで私がこんな目にあうの？」「一生懸命生きているのに、どうして！」と思うことがあると思います。

人に悪いことをした覚えもないのに、正直に生きているのに、なぜ悲しいことが起きるのか――。私は、生涯をかけてその「答え」を探そうと思い、心の奥と人生のつながりを研究してきました。

その結果、生活のなかに答えがあることを発見しました。そして、何か問題が起こる前には必ずサインがあり、そのサインに気づくことができれば事態はプラスの方向へ、気づかないときはマイナスの方向へと流れていきます。

たとえば病気になったときのことを考えてみましょう。

病気になるときは、すべての人にサインがあります。確かに、体の異常は体の中からサインが送られています。

「頭が痛い」「胃が痛い」「手先がしびれる」「体がだるい」「微熱が続いている」「風邪をひいていないのに咳が続いている」「食欲がない」など、いくらでもあります。百人いれば、百のサインがあるでしょう。

このサインは、「今だったら間に合うよ」という自然からの愛のメッセージなのです。それを、「まぁいいや、まだ大丈夫だろう」と素直に受け止めないと、症状はだんだんひどくなり、手術をすることになったりもします。

一人ひとりの生活のなかや、その人の心の底にしか答えはありません。その答えを素直に受け止めることが大切です。

ブッダの名言に、《自分に頼れ》という言葉があります。

これが本当の人間愛だと、私は考えます。どんなに偉いといわれる人でも、大国の大統領でも、また秘境に住む部族でも、答えは一人ひとりの心の中にあるのです。

人類はすべて平等です。自分に頼れば答えは出るようになっているのです。世界一のお金持ちでも、朝になったら起きて、三度の食事をして、夜になったら眠ります。このくり返しのなかで、自ら与えられた役割に気づいて、それをきちんと果たす人と、果たせない人とで、生きる道は分かれていくのです。
しっかりとサインを見極めて、プラスの道へと歩んでください。

親としての責任をとる

眠らない子どもにイライラして強く揺さぶって死なせてしまう、自分が遊びたいばかりに幼い子どもを家に放置し衰弱死させるなど、小さな命が、親の自分勝手な行動によって失われる事件が後を絶ちません。

赤ちゃんを産む前は「なんとかなるだろう」「大丈夫」と思っていても、実際に赤ちゃんを育ててみるとその大変さに驚いたり、理想としていた母親像のようには育児がうまくいかないためにイライラをつのらせたりした結果、こうした事件を引き起こしているようです。親になるという本当の覚悟をもつことが必要です。そして、子に教えられながら成長していけばいいのです。

自分の思うようにならないからといって、イライラした心をそのまま無抵抗な子どもにぶつけてはいけません。心を傷つけられた子どもと、傷のない子どもの人生とでは、一八〇度違った生活が生みだされるでしょう。

子どもを生み育てるということは、その命に対して責任がとれるか、どんなことがあっても最後まで投げ出さないでいられるか、本来、それほどの覚悟が問われる行為なのだと思います。

とはいえ、そんな覚悟がないと子どもが産めないとなると、それはそれで親の使命は重すぎます。子育てにはそれほどの困難が伴うことがありうるということを心の隅に置いて、子どもが送ってくるサインを受け止め、軌道修正しつつ、よりよい親へとなっていければよいのではないでしょうか。

子どもにとって〝いい親〟とは、お金を持っているとか、何でも言うことをきいてくれるとかではありません。自分が間違っていることに気づき、それをきちんと認め、修正できる親です。子どもが心と体で必死に訴えるサインを見逃さないで、しっかり受け止められる親でありましょう。

そのまま言葉で受け止める

《人類は、愛を学ばなくてはいけない》という有名な言葉があります。

人の口から最初に出てくる言葉は、愛に包まれたものであってほしいと、私は常に思っています。

たとえば、子どもが道で転んだとき、「大丈夫かな」と心配したのなら、そのまま「大丈夫？」と伝えてほしいのです。それが〝愛〟です。それなのに多くのお母さんは、「ほら、だから危ないって言ったでしょ」と、子どもを責めるひと言を発してしまいがちです。

転んだ子どもが「痛い」と訴えたなら、「うん、痛かったね」と受け止めるだけでいいのです。子どもを安心させたくて「そのくらい痛くないよ、大丈夫」と言ったとしても、子どもにとっては自分の「痛い」という思いを否定されたとしか感じないものなのです。ましてや「走ったら危ないって言ったでしょ」「あなたが不注意だからよ。もっと気をつけなさい」とアドバイスされても、子どもには「わかってもらえなかった」という思いが残るだけで、子どもの成長にいいことはありません。

子どもが言ったことをそのまま受け止めて答える、これが子どもの心を育てるためには大切なことです。

「今日は何時に帰るの？」と聞かれたら、「忙しいからそんなのわからないわよ」ではなく、「○時くらいかな。それまでお留守番お願いね」と言えばいいのです。

「ただいま」と言われれば「遅かったじゃない」ではなく、ただ「おかえり」と言ってください。

「テストで八〇点とったよ！」と喜んでいたら、「○○ちゃんは何点なの？」とよけいなことは言わずに「やったね！　がんばったもんね！」と一緒に喜んでください。

言ったことをそのまま受け止められるのは、子どもにとって何よりも愛を感じられる会話です。こうした会話があればあるほど、子どものなかで大きな支えとなります。

しっかり受け止められた実感があれば、たとえばいじめられたりしたときでも、「でも、家に帰れば大丈夫」という絶対的な自信となって心を支えてくれるものです。

親の愛ゆえに、子どもにはいろいろと伝えたいことがあるかもしれませんが、まずは受け止めること、それを忘れないでください。

「認める」こと

人は何歳になっても、周囲から認められるとうれしいものです。

とくに子どもは、自分の親に認められる（ほめられる）ことをとても喜びます。認められることによって、さらにもっと別のことでも認められようとして頑張ります。子どもはそうして、認められる↓頑張る↓また認められる↓もっと頑張る、をくり返しながら成長していくのです。

逆に、認めてもらう経験がないと、子どもはやる気を失い、投げやりな行動をとるようになります。果ては、タバコを吸ったり、不良仲間に入ったりして、マイナスの方向で（否定されることで）でもいいから、なんとか自分の存在を認めさせようとします。親に対してへ理屈を言って立ち向かうようになるのも、自分の存在を認めさせようとする行動のひとつです。

認めるときは、親は腹の底から、子どものすべてを素直に認めてあげることが必要です。「〇〇ちゃんより上手にできた」というように比較してほめたり、「あと××ができてれば完璧《かんぺき》だったよね」と条件をつけたり、「次は△△ができるようになろうね」とすぐに新たな課題を設定するなど、余計なものを加えては、せっかくの喜びも半減どころかゼロになってしまいます。認めるときは「すごいね」「よく頑張ったね」とシンプルでいいのです。

認められると、次への励みになります。子どもを成長させることが親の大切な役割ですから、どんどん〝認める〟のカードを使って、子どもの心を強く、伸ばしていきましょう。

本気になれば必ず解決できる！

私は、四国の貧乏な家に生まれました。気は弱く、不幸の壁に突き当たるたびに、死ぬことを考えました。しかし、苦しみを乗り越え、生きる勇気を見つけることができました。

そして、私のように気の弱い人を勇気づける何かができないものかと考え、心の研究を続けてきました。今では何冊かの出版物を世に送り出させていただくこともできました。

研究が実る自信も、本を書きあげられるビジョンも、最初からもっていたわけではありません。ただ、一人でも多くの人を勇気づけたい、という熱い思いを心の奥に燃やしつづけ、すべてのことに取り組んできました。

その結果、私の夢は希望となり、生きる勇気となって、「答え」を出すことができたのです。

もちろん、あなたの希望をかなえることも可能です。いじめや問題行動など、子どもにまつわる悩みがあるなら、今日、この本を閉じたら、心に決めたことを、一つひとつ、コツコツと実行してほしいのです。

誰かがなんとかしてくれないか、子どもがいつしか変わってくれないかなど、結果を外にゆだねる他人任せでは、苦難の日々はくり返されるでしょう。解決の道は、すべて自分の心の中にあるのです。あとは、やるか、やらないか、それだけです。

こう言うと、必ず聞かれることがあります。

「本当に答え（結果）が出ますか？」

やる前から、結果が出るかどうかを考えても仕方のないことです。とにかくまずはやること。まず結果をあれこれ言うのは、やる気がない証拠です。

「私にもできますか？」

できるかどうかは問題ではありません。「やる」のです。その意思が大切です。できなかったらと考えるのは、やらない言い訳を考えているにすぎません。

「どうして私だけがやらないといけないのですか？」

そうやって人のせいにしていても、何も変わりません。誰かがやってくれるかもしれない、誰かがやってくれたら私もやるという〝待ち〟の姿勢は、悩みを長引かせるだけです。まず、変われるところから変わりましょう。それはつまり、自分からということです。

腹の底から「絶対にやり遂げる」と決心すれば、おのずと答えは出ます。

「やれたら、やってみるか」と腹が決まっていないと、マイナスの結果しか出ません。ほんのちょっとの気持ちの差で、結果はプラスとマイナスに分かれてしまいます。

親がやらねば、子どもは救われないのです。親の決死の覚悟は必ず子どもにも伝わります。心の中に、しっかりと「やる」という気持ちをもって、取り組んでください。

第3章

いじめない・いじめられない子に育てる

1 サインに気づいたときがチャンス

サインは子どもからのプレゼント

子どもは、意欲がない、不満が心の中にある、淋《さび》しい、苦しい、心の限界が来ているときに、サインを出して訴えます。サインについては何度も述べていますが、百人百様です。

サインは、親が気づくまで、自分のことを親が認めてくれるまで、これでもかこれでもかと送り続けられます。見ないふりをしても、誰《だれ》かのせいにしても、解決策は見つかりません。それどころか、子どものサインは形を変えながら、親が気づくまで送られ続けるでしょう。

子どもがサインを出したとき、それらは一見マイナスに見えます。素直だった子が、急に暴れたり、反抗的な口をきくようになったりしたら、悪い子になったように思えるかもしれません。

しかし、サインは、これまでの生活や親子関係を見直すチャンスなのです。何かがうまくいっていないことを、子どもが自ら訴えているのです。

子どものことより、親の楽しみを優先していなかったでしょうか？

子どもの訴えを、忙しいことを理由にないがしろにすることはなかったでしょうか？

ダラダラと、基本リズムのない生活を送っていなかったでしょうか？

サインを受け入れ、認めましょう。認めて、受け入れたときからすべてが始まります。そしてそのタイミングに、遅いということはないのです。いつからでも間に合います。

幼児期のサインは、あなたと子どもが成長するための、最高のプレゼントなのです。

心当たりはありませんか？

子どものサインは、本当に千差万別です。「これはこの子の個性だから」などと言って、サインから目をそらしたりしていませんか？

私が出合ったサインと、その原因をいくつか挙げていきたいと思います。あなたの悩み、子どもの行動と似たものがないか、チェックしてみてください。

どれも、必ずしもいじめにつながるサインとはいえませんが、まずお子さんをよく観て、確認して、違っていたらそれでいいのです。いじめではなくても何らかのサインではありますので、それによって自分のクセ、生活のクセを見直すことができれば、結果的に、親子にとってプラスになります。

園に来ても表情がかたい

たいていの子どもは、園に来るまではぐずっていても、いざ友だちや先生を前にすると、楽しく遊び始めるものです。ところがまれに、いつもかたい表情のままで、教室の隅っこに一人でいるような子がいます。

こういうときは、母親が「いい嫁でいたい」「理想の妻・母親であらねば」と心をガチガチに緊張させていることが多いものです。親の自分を守ろうとする心が、子どもにまで糸のようにつながっていると思われます。幼児期は、親の心の中をそのままに映す天才のようです。

いじめの芽

周囲の反応を過度に気にする親のもとで育った子は、同じように周囲を極端に気にしてしまう弱さを抱えています。必要以上に周囲に適応しようとする態度は、いじめに対してすらも〝場の雰囲気〟を壊すのを心配し、「いやだ」「やめて」と言えないことにつながります。

親自身も周囲の評価に振り回されず、自分で「これでよし」と言いきかせて、自分を肯定的に評価するクセをつけるようにしましょう。

タオルケットやぬいぐるみ、母親の服などを手放さない

お気に入りのタオルやぬいぐるみなど、常にそれを持っていないと落ち着かず、どんなに汚れていても、すりきれていても手放さない……俗に「ライナスの毛布」と言われる状態です。

寝るときも手放さず、洗濯すらさせないほどの極端な愛着の裏には、母親にかまってもらえていないというケースが隠れていることがあります。母親が多忙すぎて子どもが話しかけても生返事だったり、相手ができなかったりするため、子どもは安心できず、毛布やぬいぐるみなど、自分の味方になるものを身の周りに固めて安心しようとしているのです。

親は十分に相手をしているつもりでも、子どもにとっては〝足りない〟と感じている場合もあります。親子のかかわりは、時間の長さより、むしろ密度が大切です。

子どもは常に、自分を見てほしいと、いろいろなサインを示します。淋しいよ、受け入れてよ……と、心が限界にあることを訴えているのです。

いじめの芽

もっとも身近な人間であるはずの母親から無視された子は（母親にそのつもりはなくても、子どもはそう受け取っている場合）、自分は話を聞いてもらえる価値のない人間だと、自分の評価を低くしてしまいます。だからいじめられても、「自分はいじめられても仕方がない」と考え、SOSすら発信せず、一人で抱え込むことになりがちです。

毛布やぬいぐるみを取り上げることは解決になりません。子どもが話しかけてきたとき、いつも相手をしなくてはいけないとは言いません。少しずつでいいので、子どもに正面から向き合う時間をつくり、自然と「ライナスの毛布」から卒業できるようにしてあげましょう。

友だちをたたく、突き飛ばす、かみつく

自分の気持ちを上手に言葉で表現できない幼児期や小学校低学年のころは、何かトラブルがあると、手を出してしまったり、かみついたりすることはよくあることです。しかし、そんなトラブルにまで発展しているようには見えないのに、突然、キレたかのように友だちをたたいたり、突き飛ばしたり、かみつく子がいます。

あるいは気に入らないことがあると園中に聞こえるように泣き叫んだり、保育士に向かって「水を持ってこい」と怒鳴ることもあるといいます。

子どもは、親をコピーする天才です。こうしたケースでは、家で親にたたかれ

て育てられていたり、人格を否定するような言葉で怒られていたり、同じように命令調で言われていたりするものです。いずれにしても親へのサインと思われます。

子どもが園でよその子を傷つけたと聞いたとき、親はカッとして子どもを叱《しか》り飛ばしたくなるでしょうが、こんなときこそチャンスです。自分が正しいという意見ばかりふりかざさず、園や学校の先生の言葉を助言としてプラスに受け止め、子どもとの関係を見直しましょう。親が素直に認めると、子どもはウソのように変わるものです。

いじめの芽

暴力をふるったり、脅かされるなど言葉で威圧することでコントロールされた子は、他人に対して同じように接するでしょう。小さな体なりに、暴力や脅しを覚えてしまうのです。

つまり、いじめっ子として他者をコントロールする側に回る可能性が高くなります。ただし、子ども自身が悪い心のクセをもっているのではなく、その子は、そういう接し方しか知らないだけなのです。

親が自分を認め、暴力的に子どもをコントロールしようとするのをやめることはもちろんですが、他人を認め、他者の意見を受け入れることができれば、さらによいお手本となることでしょう。

いつも表情がさえない、活気がない

子どもというのはおおむね元気にあふれていて、なんにでも好奇心できらきらした目を寄せるものですが、最近、そんな子どもらしさがない子が増えています。いつも疲れた感じで、ぼーっとしていたり、新しいことにも関心を示さないのです。

こうした子は、親の生活のクセ、心のクセが原因でつくられます。がんばっているのに「なんでできないの」「○○ちゃんはもう××ができるのよ」「ほんと、ダメな子ねぇ」など、受け入れない、認めない、一度もほめたことがないといった親の態度に、つらさを訴えているのです。

それなのに親は、理想の型にはまらない子どもに不満を重ねて、さらにお稽古《けいこ》ごとや塾に通わせようとしたり、もっと厳しい言葉で鞭打《むちう》ったりしてしまいがちです。子どものサインは、プラスの方向で受け止めましょう。

いじめの芽

親が望む子どもの姿がまずあって、その理想像に子どもをあてはめようとすると、どうしても子どもを否定的に見てしまいがちです。今、現実にそこにいる子どもを見ず、「がんばれ」「なぜできない」と否定されるのはつらいものでしょう。本来もっている特質や、やりたいことを否定され、委縮《いしゅく》して育つと、どうしても自分を肯定的に見ることはできません。そうした子は、「ライナスの毛布」のところで述べたのと同じで（一三二ページ）、いじめに対して受容してしまいがちです。

子育てとは、「理想の子ども」を育てるのではなく、子どもが「育とうとしている方向へ手助けをする」ものです。素直な目で、もう一度わが子を見つめなおしてみましょう。

物にあたる、場合によっては自分をひっかく

何か思い通りにならないことがあったり、言葉にできない思いがあると、物を投げたり、壁をたたくなど物にあたったり、壁に頭をぶつける、自分の顔をひっかくなど、自分を傷つける行為に走る子がいます。

こういう子どもの親は、「忙しいふり」をしていることが多いようです。忙しいのを口実に、子どもの話を聞かなかったり、やろうとしていることを途中で取り上げたりしがちです。自分で着替えようとしていたのに途中からお母さんがボタンをとめてしまう、おもちゃを広げて遊んでいたのに勝手に片づけ始める、ごはんをちょっとゆっくり食べていたら「もうごちそうさまね」と片づけられる……。子どもの意思を確かめることなく、自分の都合を常に押し付けるのです。

こうした経験が重なると、子どもは自分の意見を言えず、自分が受け入れてもらえない不満を体でしか表現できなくなってしまうのです。

忙しいことだけを理由に、子どもにばかり我慢を強いるのはやめましょう。子どもが我慢しないですむように、大人のほうで時間や予定をコントロールしてあ

げればよいのです。

また同時に、お母さん自身が我慢ばかりしていないか、見直してください。自分が我慢をしているという思いがあると、周囲の人間も我慢して当然だと思ってしまいます。適度に息抜きをして、自分の心を休ませてください。子どもの行動は、親の心の再現です。親が変われば、子どもが変わります。

いじめの芽

言葉より先に行動に出てしまう子は、いつ、何が原因でキレるかわからないので、どうしても周りから恐れられます。それを利用して強く出ればいじめっ子になるでしょうし、逆に、周囲と折り合いにくいところから孤立し、いじめられっ子になる可能性もあります。

子どもが物にあたるなどの行動に出たとき、「ちゃんと口で言いなさい！」などと怒らず、子どもの心に思いをはせ、「そうね、もっと遊びたかったね」「くやしいよね」などと言葉での表現の仕方を教えていきましょう。同時に、お母さんの心も落ち着くでしょう。

原因は自分のなかにあると認めるところから始まる

小さい子どもは、お母さんに甘えるのが大好きです。ママに抱っこされたい、手をつないでもらいたい、できるだけたくさんの愛情をもらいたいから、いろいろな形でサインを送ってきます。親は、たっぷりの愛情を返してあげましょう。親にもらった愛情は、子どもが成長するときの生きる力となり、子どもをもったときの愛情の源泉となります。これが、命のリレーの法則です。

それなのに、子どもを親の思い通りの型にはめようとし、それがかなったときだけ愛情を示すような子育てをする人も少なくありません。

しかし、二、三歳にもなれば十分に自分の意思が出てきます。勝手にあてはめられた型では自分に合わないと、嫌がる子もいます。急に乱暴になった、反抗期がひどいというときは、自分勝手な考えで子どもを型にはめていないか、ふり返ってみましょう。

自分の心の中に秘めている心を隠していても、答えは出ません。あなたの心の中に、子どもを救う答えがあります。たった一回きりの人生です。自分から逃げずに、幸せな親子の育ちのために向き合ってほしいと思います。

2

いじめない・いじめられない子に育てる

サインをプラスに受け止める

あなたが子どものことで園から注意を受けたとしたらどう思うか、考えてみてください。あなたはどちらの反応をするでしょうか。

A：いいことを教えてもらえた、変えていこう、とプラスに受け止める。

B：こんなことくらいでわざわざ呼び出すなんて、大げさな。うちにはうちのやり方があるんだから、ほうっておいてほしい、とマイナスに受け止める。

ここが、幸と不幸の分かれ道です。

子どもを幸せにしたいなら、まずは自分の行動を見直すことです。誰もあなたを責めようとしているわけではありません。批判を受けたと身構えず、大切な情報を教えてもらえたと、プラスに受け止めましょう。そのうえで自分の心の中をふり返ったからといって、何か害が及ぶわけでもありません。むしろ、子どもとの関係を見直すチャンスが得られるかもしれないのです。

サインに気づいた「今」が間に合うときです。このタイミングを大切にしてください。

善悪の芯を通す

子どもの心は、生まれたときは真っ白で、なんでも覚えていきます。

生まれて、お座りして、ハイハイして、つかまり立ちして、一歩歩く。成長していくなかで、やっていいことといけないことを、生活のなかでくり返し教えていくことが大切です。

講演で出会ったあるお母さんは、次のように話してくれました。

子どもがまだ言葉を話せないときから、「これはいいネ」「これはいけないネ」

と話しかけてきました。少し物事がわかるようになったときには「これはどう思う?」と判断をさせてきました。すると、小学校に入学するころには、いじめをしている友だちに「いけないことだよ」とはっきり言えるようになった、と話してくださいました。

子どもの心が真っ白な幼いときに善悪の区別を教えないで、学校へ行くようになって誰かをいじめたとき、突然「いじめはダメなのよ」と言っても、子どもは言われている意味がわからないでしょう。子どもが友だちをいじめたり脅したりするとしたら、それは家の中での親のクセをコピーしただけという可能性が高いのです。

子どもが小さいときに親の都合がいいように振り回していると、子どもは正しいことと正しくないことの判断基準が育ちません。善悪の基準は、この先、人生を生きていくために必要な〝芯《しん》〟になるものです。生きるための基本ができている子どもは、無限の可能性を発揮できます。心の中にしっかりとした芯を育ててあげましょう。一歳は一歳に必要なことを、二歳は二歳に必要なことを、くり返し教えればいいのです。

とくに三歳、四歳の幼児期は、物事を目覚ましく覚えます。この時期に知識を詰め込むか、善悪の区別を教えることを優先するかでどんな性格に育つかは違ってくるでしょう。

生活の基本は身につくまでくり返すことです。基本は人間形成の出発点です。ある臨床心理士は、「臨床現場で会う子どものなかに、あまりに幼い頃からあまりに多くを教え込まれ、問題を抱えている子がいる」と言っています。

イギリスで活躍した劇作家バーナード・ショーの名言にも「人間はあまり必要でないことを多く学ぶよりも、必要なことを少し考えるほうがよい」とあります。年齢に応じた必要なことを、くり返し教えればいいのです。

また、子どもは親の言った通りには育ちません。親のやった通り、生活の通り、心の通りに育ちます。子どもにコピーされても大丈夫な行動をとっているか、一度ふり返ってみてください。

子どもがいじめられたとき

子どもがいじめられていることがわかると、親としてはまず何をすればいいか戸惑うばかりかもしれません。先生に相談するのか、いじめている相手の子やその親にやめるよう言いに行くべきなのか、行政や警察など公的な機関に訴えるべきなのか……。やるべきことはいろいろあると思いますが、まずは親自身が自分の言動をふり返ることから始めてみてください。

・上の子には厳しくしながら、下の子には甘くしていなかったか?
・親の考えだけで、子どもが嫌がるお稽古ごとや塾に入れなかったか?
・遊ぶ間もないほどお稽古ごとや塾のスケジュールを組まなかったか?
・思い通りにならないと、ヒステリックに怒らなかったか?

こうしたことがあると、子どもはオドオドビクビクした、自信のない弱い心に育ってしまう傾向があります。自信がなく、自分の意見が言えない、ビクビクしている子は、どうしてもいじめの標的になりやすいのです。それなのに「やられたらやり返しなさい」「自分で先生に言いなさい」と言っても、その子には難しいのです。

子どもがいじめられたとき、原因は「自分（親）にもある」と気づけば、周りは不思議なほど協力してくれるものです。そのうえで、先生や相手の親などと連携していじめの解決をはかりましょう。いきなり「あなたが悪い」と責められたのでは、協力し合うのが難しくなります。確かに、時には環境を変えることが必要な場合もあるでしょう。しかし、環境を変えても時を経《へ》ても、また違う状況で同じようなことがくり返される事例が多くみられます。

いじめを解決するというのは、誰か犯人を一人探して糾弾《きゅうだん》し、謝らせることではありません。それでは、いじめの対象が変わるだけかもしれません。また、学校が変わっても、子どもはまた別の子からいじめられるかもしれません。大人になったとき、職場や家庭でいじめられるかもしれません。

誰もが自分の心の中を見つめて反省することで、ようやくいじめを根本から解決する糸口が見出されるのではないでしょうか。

認めるとプラスに向かう

実際に息子さんがいじめにあった経験があるお父さんが、次のように言われました。

私は息子に、勉強をやれ、もっとやれと、追いたてるだけでした。妻も息子をほめることはありませんでした。心に元気のない、いじめられやすい息子に育てたのは、私たち親ではないかと思いあたることがたくさんありました。

そしてお父さんが息子さんに、

「つらかっただろう。いつも追いつめていた。おまえの気持ちをわかってやらず、すまなかった」

と謝ったところ、息子さんは泣いていたといいます。

いじめた側の子どもの両親も、そのとき学校に来ていました。その親は、「うちの子はいじめをするような子どもではない」と言っていじめを認めていなかったそうですが、その様子を見てから態度が少し変わったそうです。

なぜいじめるのか、なぜいじめられるのか。複雑にからんでみえる糸をたぐり寄せると、そのうちの一本は、家庭や親にたどり着きます。

親が子どもを、子ども自身が望まないように育てたことがいじめの根になっていることがあります。表現はきついですが、子ども自身が、家の中でいじめられて育ったと感じているのです。その〝いじめ〟に気づくことが、現実のいじめの問題を解決へ導くきっかけとなるでしょう。

子どもを認める

子どもは、親に受け入れられると安心します。認められると、心が丈夫になります。

私は子どものころ、自分はダメな人間だと思い込んでいました。なぜなら母に

「そうだネ」「よかったネ」となかなか受け入れてもらえなかったからです。ちょっとしたことでも「そうじゃない」「ダメと言ったでしょ」と言われ、心はいつも引っ込んでいました。母の口ぐせは「長女のくせに」「何やってるの」「ダメ」など、私のことを認めてくれない言葉ばかりでした。

しかしそのかわり、たまに母に認めてもらったときは、うれしくてうれしくて、心がはずみ、母の手伝いにもいつもより力が入ったものです。

親にほめられたことがないとか、親が考える高い水準に達しないと受け入れてもらえないとか、いつも「ダメ」を連発されていたりすると、心は淋しく不安になります。

その不満がたまると、意欲をなくしたり、まだ四歳や五歳なのに急に暴力的になったりします。

そこで親が気づけばまだやり直しがきくのですが、それでも心のクセを認めなければ、今度は思春期にさまざまな問題行動となって出てきます。これに対処するのは、幼児期の比ではないでしょう。

しかし、いじめ問題は園や学校生活の間だけでなく、社会に出ても、家庭に入ってもつきまといます。気づいたときが直すときです。子どもの幸せのために、そして自分自身の幸せのために、チャンスをいかしてください。

3

「生きる力」を育てる

そのものに答える

子どもに生きる力をつけるには、どうすればいいか。それは、そのものに答えることです。

「お母さん、七〇点とれたよ」

「七〇点とれたの。やったネ。頑張ったものね」

認めて受け入れてやれば、「次はもっと頑張ってみようかな」と前向きになります。そして、生きる力につながります。

「お母さん、七〇点とれた」

「エーッ、ダメじゃないの、もっと頑張れなかったの？　〇〇ちゃんは何点？　あなたは勉強しないからダメよ、どうするの……」

余計なことばかり連発すると、子どもはやる気を失い、意欲のない子に育っていくこともあります。

いらないことは言わない

いらないことは言わない。そのものに答える。それは生きる力につながります。

子育てはシンプルでいいのです。

「ただいま」と子どもが言えば、「おかえり」です。

ご自身の心を本当に見つめてみてください。大げさに考える必要はありません。子どもが帰ってきたときの親の気持ちは「無事に帰ってきてくれてホッとした」「元気に帰ってきてくれてうれしい」ではないでしょうか。「おかえり」という言葉でそれを伝えればいいのです。子どもも「ホッとする家へ帰ってこられた」「ママに会えてうれしい」という安心感があります。

お母さんもゴミ捨てなどでちょっと外に出て帰ってきたとき、子どもが満面の笑みで「おかえりー」と抱きついてきてくれたことはありませんか？　そのときのなんともいえないあたたかい気持ちを思い出してみてください。

それなのに、「ただいま」と子どもが言えば、「お弁当は残さず食べた?」「今日の宿題は?」と違うことばかり答える人も少なくありません。これでは、子どもの心はモヤモヤして、スッキリしません。あたたかいわが家に帰ってきたという安心感は消し飛んでしまいます。もし、学校でつらい思いを抱えて帰ってきていたとしたら、救いようのない気持ちになるかもしれません。

子どもの発した言葉に対して、そのものに答えましょう。それは子どもへの何よりの励ましになるはずです。

どうしてうちの子は意欲がないのだろう。

ついつい「ダメ」ばかり言ってしまっている。

子どもが何を言ってもほめたことがない。

など、自分の心の中をのぞけば答えがあります。

幼児期に親が子どもを認め、余計なことを言わないようにすれば、どんな時代でも生き抜く力はつくと、私は考えています。理論だけでは子どもは育たないのです。

命の発達は不変

この世に生まれてくる小さな命の発達は、昔も今も不変です。まだ真っ白な幼児期に親がしっかりと生きる力をつけてやれば、人生を生き抜くための人間が形成されます。どんなに時代が変わっても、これは変わらぬ真理でしょう。

世の中のどんなことも、まず基本が大切です。子育ても同様なのです。

人は真っ白な状態で生まれ、周囲の人々を見習いながら成長していきます。わけても、親の生活のクセ、心のクセをしっかりとコピーします。

・朝は親が余裕をもって起き、子どもを起こす
・朝ごはんはきちんとつくるクセをつける
・夜は親の都合に合わせてダラダラしない
・「やっていいこと」「やっていけないこと」の区別を教える

こうした生活の基礎練習を重ねると、子どもの心と体が基本を覚え、無限の可能性を発揮できるようになります。人間としての基礎・基本がしっかりした、挫《ざ》折《せつ》にも負けない強い人間になることでしょう。

「お母さん、違うよ」

人間の基礎をきちんと教えてから、そのうえで早期教育、英才教育をするのはいいでしょう。基礎・基本が身につく前に、情報に振り回され、いろいろなことを詰め込もうとしたとき、子どもは「違う」と言ってサインで訴えてくるのです。

あるお母さんが次のように言われました。

「二歳の子どもですが、『ダメ』という言葉に反応して、『ダメ』と言うと泣き叫び、どんなことをしても泣きやまないのです」

どんなに小さな子どもでも、お母さんに受け入れてもらっていないことがわかるのです。すべての教育の出発点は、お母さんとのふれ合いからです。

「生きる力」の答え

「教育の秘法は生活尊重にある」（エマーソン）という名言があります。

毎日の生活のなかに、答えはあるのです。子どもをまるごとそのまま受け入れましょう。

小さな体で訴えていることを認めてあげましょう。親が気づくことによって、子どもの成長は違ってきます。

「お母さん、自転車で○○へ行ってきていい？」

「ダメ、あぶないでしょ。ケガをしたらどうするの」

否定で答えるだけでは、子どもの心は「もういいや」という心境になり、どんなことにも最初からあきらめる子になってしまいます。

「車に気をつけて行っておいで」と、肯定的な言葉をかけてもらえると、子どもにはどんどん挑戦する前向きさが育ちます。

それなのに子どもにやる気が見えなくなると、今度は物で釣ったりする人も少なくありません。どうすれば意欲の出るような育て方ができるかを考えるべきでしょう。

子どもは、親が共に喜び、認めてくれることでやる気を出し、受け入れられることで勇気が湧《わ》き、生きる力がついていきます。どんなに素晴らしい理論や知識を知っていても、子どもは親の心の通りにしかなりません。

つまりいじめっ子もいじめられっ子も、親の生活のクセをコピーして生まれてくる部分もあるのです。

なぜいじめられるのか、なぜいじめるのか、なぜやる気がないのか、なぜウソをつくのか、なぜ急に暴れはじめたのか、なぜ非行に走ったのか……。親が自分の心の中をのぞけば、そこに答えはあります。

あなたの心の中は、どうなっていましたか？

それを認めたときから、いろいろなことがプラスに向かっていきます。

子どもの心を受け入れてやれるか、自分のクセを認められるかで、子どもの将来は大きく影響を受けます。子どもの幸せな将来がつくれるかどうかは、親の生き方次第と言えるでしょう。

「世の中は変わった」と言われますが、人間の心と生きる基本は、どの時代でも変わりません。子育ては基礎・基本を大切に、シンプルでいいのです。

子どもの声は、天の声です。子どもが自然に発する言葉やサインは、親がマイナスに流れないように、正しい生き方を教えてくれているのです。

生活のなかに答えがあり、体のなかに答えがあり、人生は心の底の通りになります。子どものサインは、「今だったら間に合うよ」という自然からのメッセージです。

親がサインを素直に受け止める、これ以上の価値あるカウンセリングはありません。

子どもは神秘的な力をもっています。いじめをはじめ、いろいろな問題の解決は、素直に反省して、自分の心のクセに目を向けることから始まるのです。

終章　幸せなお母さんでいるために

何があっても乗り越えていける強く優しい子どもを育てるためには、家庭の力、親の力が欠かせないことを、ここまで述べてきました。また、いじめの根っこの一部は、家庭にあるケースがあるとも述べました。

しかしここでもう一度言っておきたいのは、子どもに起こるすべてのことがお母さんのせいだと言っているわけではなく、お母さんが変わらなくては何も解決しないというわけでもないということです。

お母さんが子どもにとってそれだけ大切な存在だということに、喜びを感じ、誇りをもってください。お母さんは元気で、幸せな気持ちでそこにいてくれるだけで、子どもにはもう十分なのです。

そこで最後に、毎日忙しくて大変なお母さん方が、少しでも幸せな気持ちでいられるための工夫をご紹介したいと思います。

もちろんこれも、「しなくてはならない」と考えないでください。頭の隅にちょっと置いておいて、気づいたとき、できるときに、ものはためしと思ってやってみてくだされば十分です。

朝一〇分、早起きする

子育て中のお母さんから、よく次のような相談を受けます。

「何をしてもイライラするのです。病気かしらと思うほど、イライラします。どうしたらいいでしょうか」

お母さん方は、子育てとは聖母のような優しい気持ち、あるいはドラマで見る肝っ玉母さんのように、何事にも動じずおおらかに構えているのが当たり前で、イライラする自分は母親失格だと思ってしまうようです。

そこで私はこう言います。

「私も子育て中はイライラしましたよ。イライラしない人なんていませんよ。子育て中のあるとき、人から『子どもはイライラしないで育てましょう』と言われたけれど、その言葉にまたイライラしましたからね」

まずは、イライラしてしまっている自分を否定せず、受け入れましょう。イライラするくらい頑張っているあなたを、誰も責めることはできません。

そのうえで、おすすめのアドバイスがあります。

イライラするのは、心に余裕がないからです。

そこで朝、今起きている時間よりも一〇分だけ早く起きてみてほしいのです。

時間ギリギリに起きていると、時間に追われて心は忙しくなります。子どもを「早く早く」と追い立て、口は忙しくなります。時間に追われてイライラした朝の心は、そのあとの一日にひびいてきます。早く起きた一〇分は、ただぼーっと椅子《いす》に座っているのでもいいし、お気に入りの紅茶を味わうのでもいいでしょう。

言われたお母さん方は、たいてい驚かれます。「たった一〇分でいいんですか?」

「そうです。その一〇分で心に余裕が生まれ、不思議なくらいイライラがとれますから。朝起きることは、生活の基本の第一歩です。そのスタートの心が大切なのですよ」

そして実行されたお母さん方から、電話やお手紙をいただきます。みなさん、本当にイライラが減ったと驚いておられます。

子育ての答えは、偉い人が教えてくれるものではありません。答えは自分で出すものです。行動を起こした人が、幸せになる切符を手に入れられるのです。

プラスの会話を心がける

よく、会話はキャッチボールと言われますが、親子の間の会話は時として、親が一方的に子どもに言葉をぶつけるドッジボールになることがあります。

「あれをしなさい」「これはダメ」など一方的にまくしたてるときもあれば、「ただいま」と言われたのに「今日のテストはどうだったの？」と全然違うところにボールを返すときもあります。「そもそもあなたは……」などと別の会話を始めることもあるでしょう。これではコミュニケーションとは言えません。

会話は投げられたボールをしっかり受け取り、相手が受け取りやすいところに投げ返してこそ、コミュニケーションといえます。確かなコミュニケーションは、心の絆《きずな》を確かにします。

親子の会話を幸せなものにして、幸せなお母さんになりましょう。

そのために大切なポイントは、二つだけです。

「言葉はプラスに受け止める」「余計なことは言わない」です。

以下の会話例から学んでください。

「ただいま」→「おかえり」

「ただいま」と帰ってきた子を「おかえり」と迎えてあげれば、そのまま受け止められた子どもの心はうれしくなります。お母さんの心も明るく幸せになります。ごはんを食べて「おいしいね」と言われたら「うん、おいしいね」と、ケガをして「痛いよ～」と泣いているときも「本当、痛いね」とそのまま受け止めればいいのです。

言葉をそのまま受け止めることは、気持ちもそのまま受け止めることにつながります。

「今日、先生にほめられたよ」→「よかったね」
「逆上がりができた！」→「すごい！　頑張ったね」
「テストで九〇点とったよ！」→「いい点とれたね！」

子どもがうれしい体験をしたとき、何かを達成したとき、お母さんがそのまま認めて一緒に喜んであげれば、子どもの喜びが増します。ニコニコ笑顔の子どもを見て、お母さんの心ももっと幸せになります。

プラスの発言をすると、プラスの反応が返ってきて、さらにハッピーになります。「〇〇ちゃんはどうだったの」「そんなことくらいでうれしいの？」などという余計な言葉、マイナスの言葉は、お互いハッピーでなくなるだけです。

夫婦の会話も同様です。

夫が「疲れた」と言ったとき、「私だって疲れてるのよ」と言い返すのではなく、「お疲れ様。ビールでも飲む？」といたわりの言葉を発しましょう。出かけるときに「何時に帰る？」と聞かれたら、「何か予定があるの？」とつっけんどんに聞き返すのではなく、「〇時くらいかな。遅くなりそうなら連絡するよ」とただ聞かれたことに答えればいいのです。

夫婦がいたわりあい、思いやりのあるコミュニケーションがとれていると、子どもも親をお手本にして、思いやりのある子に育ちます。

幸せになるためにはまず、幸せな言葉を発しましょう。

すべて「よし」と受け入れる

「こんな暮らしがしたかった」「こんな人と結婚したかった」「本当は○○になりたかった」……など、いろいろな夢や理想を描いてきたと思います。理想通りになったこともあれば、そうならなかったこともあります。

しかし、手に入らなかったものを数え上げても不幸になるだけです。与えられた場所、与えられた家族、与えられた子ども、与えられた環境を受け入れることが、幸せへの近道です。

私も結婚した当初は、夫に対し、

「こんなに厳しい人だったの？」

「エーッ、姑《しゅうとめ》も意地悪なの？」

と毎日、不平不満ばかりでした。

けれどあるとき思ったのです。このままこの先何年も、こんな重い心のままで生きていくのはイヤだ。そこで、今のこの状況は、自分の心を変えるため与えられた場なのだとプラスに受け止めました。ここは、弱い自分の心を鍛えるための修行の場、やるかやらないか、自分の心次第だと自分に言い聞かせたのです。

自分が選んだ場所、環境、物事だととらえれば、「これは自分が試されているのだ」「やれる」「やる」と考えられます。

もちろん、すぐに実践できたわけではありません。

すぐに「どうして自分だけこんな目にあうのだろう」「私はどうせダメなんだ」「もうどうでもいいや」とマイナスだらけの心になりました。

逃げだしたくなるときもありましたが、空海の名言「逃げ場所をつくらず自分で道を切り開く」に助けられました。何も変わらないまま逃げても、また同じような環境に出合うだろう。逃げてはダメだ。生きるということは、与えられた環境をプラスにすることだと心に誓いました。目の前に来た困難も、「あなたにならできますよ」という合図だと、常にプラスに受け止めるようにしたのです。

そして、今の私がいます。

人間は、一人ひとりその人にしかない役割を与えられて生まれます。人生にはいろいろあり、生きていくうえにはさまざまな問題や苦労はつきものです。どんな状況でも、目の前のことをどれだけプラスに受け止めて、乗り越えることができたか、それが人生の価値（＝勝ち）のように思います。どんな人でも問題がない状況なんてないでしょう。それでもすべてを「これでよし」とプラスに受け止め、自分の役割を果たすことが、幸せな生活の始まりです。

与えられた場所で「よし」、子どもも「よし」、私も「よし」、です。

あなたに起こるすべてのことが幸せとなり、子どもも幸せに包まれることを願っています。

おわりに

人類は、どこの国でも、子どもを育て、平和と幸せを求めて生活しています。

一人ひとりが、自分の心の中をのぞけば答えがあります。

自分のなかの答えを出すためには、人から陥れられたり、惑わされたり、権力に負けたりすることもあるかもしれません。

でも、生活を通して、自分の心の中の答えを出していけばいいのです。

なにかに頼っても、その答えは出ないでしょう。

ベートーベンの音楽が百年以上経っても全世界で愛され、普遍であるように、生活のなかに答えがあることは、人類の人生のなかでは普遍であると思います。


人類は、数千年も同じことをくり返しています。

心の中に、幸せになる秘宝があります。

一人の人間が生きているのは、わずか七、八十年です。

与えられた場所で、生活を通して「誰《だれ》でも、いつでも、どこでも」できることが平等にあります。

幼児期に親が子どもにどのようにかかわったかの答えは、思春期にブーメランのように戻ってきます。

子どもは神秘的です。子どもの声や、体で発するサインは、天の声です。親を正しい生き方に導くメッセージなのです。

自分の心の中に答えがあります。ぜひ、それに気づいてほしいのです。心にスイッチが入ったときがチャンスです。

本書が、スイッチを入れるためのきっかけになりますように。

内田玲子

著者略歴

内田玲子（うちだ・れいこ）

1936年、愛媛県生まれ。

1968年より、神奈川県知事委託のもと、地方から小田原に働きにきていた若者たちの母親代わりをつとめ、自宅を“働く青少年の家”として開放、訪れた青少年の数はかぞえきれない。

1980年から家庭教育カウンセラーとして、全国の幼稚園・保育園の保護者をはじめ、小・中学校ＰＴＡ、企業などの教育講座の講師として活躍。

1989年からは、全国の教育委員会、民生委員などから講師として招かれるなど、活躍ぶりが広い分野で大きな反響を呼んでいる。

著書に『(新版)いじめの根っこ』（近代文藝社）、『自分が気づけば何かが変わる』『しあわせのバトンタッチ』（いずれもアートヴィレッジ）、『幸せの直線コース』『愛のキャッチボール』（いずれも玄同社）などがある。

〈連絡先〉　内田玲子事務所
〒250-0217　神奈川県小田原市別掘98
（TEL）0465-42-1835　（FAX）0465-42-2161
（公式ホームページ）http://uchida-reiko.com/

［幼児期の大切な子育て］

いじめっ子・いじめられっ子にならないために親としてできること

2013年 7月17日　第1版第1刷発行
2013年10月16日　第1版第2刷発行

著　　者　内田玲子
発 行 者　安藤　卓
発 行 所　株式会社PHP研究所
京都本部　〒601-8411　京都市南区西九条北ノ内町11
内容のお問い合わせは〈教育出版部〉☎075-681-8732
購入のお問い合わせは〈普及グループ〉☎075-681-8818
印 刷 所　図書印刷株式会社

ISBN978-4-569-81120-8